跨境电商运营与人才培养路径探索

贾孝魁 著

北京工业大学出版社

图书在版编目（CIP）数据

跨境电商运营与人才培养路径探索 / 贾孝魁著. — 北京：北京工业大学出版社，2022.10
ISBN 978-7-5639-8482-4

Ⅰ. ①跨… Ⅱ. ①贾… Ⅲ. ①电子商务—运营管理—人才培养—研究 Ⅳ. ①F713.365.1

中国版本图书馆CIP数据核字（2022）第183012号

跨境电商运营与人才培养路径探索
KUAJING DIANSHANG YUNYING YU RENCAI PEIYANG LUJING TANSUO

著　　者：贾孝魁
责任编辑：李　艳
封面设计：知更壹点
出版发行：北京工业大学出版社
　　　　　（北京市朝阳区平乐园100号　邮编：100124）
　　　　　010-67391722（传真）　　bgdcbs@sina.com
经销单位：全国各地新华书店
承印单位：河北赛文印刷有限公司
开　　本：710毫米×1000毫米　1/16
印　　张：10
字　　数：200千字
版　　次：2022年10月第1版
印　　次：2022年10月第1次印刷
标准书号：ISBN 978-7-5639-8482-4
定　　价：72.00元

版权所有　翻印必究

（如发现印装质量问题，请寄本社发行部调换 010-67391106）

作者简介

贾孝魁，女，1982年9月出生，毕业于湖南大学，硕士研究生学历，现为郑州商学院教师、副教授，研究方向为国际贸易与跨境电子商务。主持参与并完成校级、省部级科研项目二十余项，主编专业教材和专业著作三部，参加多项专业相关赛事并获奖。

前　言

跨境电商是指分属不同关境的交易主体,通过电子交易平台完成进出口贸易中的展示、洽谈和成交环节,并通过跨境物流送达商品、完成交易的国际商业活动。随着数字技术的广泛应用和"中国制造"品质的不断提升,我国跨境电商蓬勃发展,跨境电商交易份额逐年增高,但与此同时跨境电商运营发展中由于所涉及的各项专业知识较广,极易受到各方因素的影响,从而出现运营不当、人才短缺等问题,所以做好跨境电商运营工作、推动产教融合育人以培养更多适应跨境电商行业发展的高质量人才便显得极为必要。

全书共五章。第一章为绪论,主要阐述了跨境电商的概念与分类、跨境电商的相关理论、跨境电商的发展优势等内容;第二章为跨境电商的发展历程及现状,主要阐述了跨境电商的产生与发展、跨境电商的现状、跨境电商面临的瓶颈等内容;第三章为跨境电商人才培养现状,主要阐述了跨境电商人才的界定、跨境电商的人才需求、跨境电商人才培养的现状与问题等内容;第四章为跨境电商的运营策略,主要阐述了跨境电商的交易流程、跨境电商的客户沟通、跨境电商的商业模式、跨境电商的市场定位、跨境电商的物流管理、跨境电商的供应链管理、跨境电商的品牌构建、跨境电商的支付方式、跨境电商的营销策略等内容;第五章为基于产教融合的跨境电商人才培养路径,主要阐述了跨境电商人才培养的目标定位、产教融合培养跨境电商人才的必要性、基于产教融合的跨境电商人才培养策略等内容。

本书在撰写过程中借鉴和吸收了许多前人的研究成果,参考了大量的文献资料。在此,向各位专家、学者和参考文献的原作者表示感谢!

由于笔者的学识有限,书中难免有疏漏之处,敬请各位读者不吝赐教。

目 录

第一章 绪论 ·· 1
第一节 跨境电商的概念与分类 ·· 1
第二节 跨境电商的相关理论 ·· 13
第三节 跨境电商的发展优势 ·· 21

第二章 跨境电商的发展历程及现状 ·· 30
第一节 跨境电商的产生与发展 ·· 30
第二节 跨境电商的现状 ·· 38
第三节 跨境电商面临的瓶颈 ·· 49

第三章 跨境电商人才培养现状 ·· 60
第一节 跨境电商人才的界定 ·· 60
第二节 跨境电商的人才需求 ·· 75
第三节 跨境电商人才培养的现状与问题 ···························· 84

第四章 跨境电商的运营策略 ·· 93
第一节 跨境电商的交易流程 ·· 93
第二节 跨境电商的客户沟通 ·· 101
第三节 跨境电商的商业模式 ·· 105
第四节 跨境电商的市场定位 ·· 109
第五节 跨境电商的物流管理 ·· 110

第六节 跨境电商的供应链管理 ·· 118
第七节 跨境电商的品牌构建 ·· 121
第八节 跨境电商的支付方式 ·· 127
第九节 跨境电商的营销策略 ·· 137

第五章 基于产教融合的跨境电商人才培养路径 144

第一节 跨境电商人才培养的目标定位 ····································· 144
第二节 产教融合培养跨境电商人才的必要性 ························· 145
第三节 基于产教融合的跨境电商人才培养策略 ····················· 147

参考文献 151

第一章 绪论

跨境电商作为我国对外贸易的一个缩影,在国内电商市场已经平稳发展的当下,爆发出了强劲的市场活力。因此,在跨境电商迅猛发展的同时,了解跨境电商的相关理论知识,有利于我国跨境电商事业的繁荣发展。本章分为跨境电商的概念与分类、跨境电商的相关理论、跨境电商的发展优势三部分。

第一节 跨境电商的概念与分类

一、跨境电商的相关概念

(一)电子商务的出现及发展

1. 电子商务

电子商务这一概念的出现,最早可以追溯至 20 世纪 90 年代。1996 年,万国商业机器公司提出了电子商务(electronic commerce,简称 e-commerce)这一概念,明确企业与其相对方进行贸易往来时全过程使用的信息化手段即 e-commerce,而后万国商业机器公司又在次年提出了 electronic business(e-business)的概念,对 e-commerce 这一概念进行了扩充,明确企业内部活动的业务程序也应使用信息化手段。自此,电子商务这一概念正式出现并不断发展。现阶段,关于电子商务这一概念的定义尚未建立起统一的国际标准,不同国家、地区、国际组织等对电子商务的概念有着不同的理解。联合国国际贸易法委员会单纯将电子商务界定为通过数据电文进行的商业活动。而联合国经济合作与发展组织对电子商务的概念进行了狭义和广义的区分,明确狭义的电子商务是通过计算机网络技术进行商品交易的活动,广义的电子商务则是通过计算机网络技术进行商品以及服务交易的活动。美国政府则是将电子商务限定在了因特网上,认为通过因特网进行的各项商务活动就是电子商务。

我国法律条文中关于电子商务这一概念的界定体现在 2018 年 8 月 31 日公布并于 2019 年 1 月 1 日起实施的《中华人民共和国电子商务法》第二条第二款中，根据该款规定可知我国认为电子商务是指借助互联网等信息网络进行商品交易、提供服务的经营性活动。需要注意的是，《中华人民共和国电子商务法》第二条第二款在对电子商务这一概念进行界定时并未对交易介质进行限定，而是使用了"互联网等信息网络"一词进行了开放式的规定，因此凡属于信息网络范畴的技术设备均可用作电子商务的交易介质。此外还需注意的一点是，根据《中华人民共和国电子商务法》第二条第三款的相关规定，金融类产品和服务及其他的一些商品的销售或者服务的提供不属于电子商务的范畴。综上，我国电子商务可以定义为排除特殊领域而借助互联网等信息网络进行商品交易、提供服务的经营性活动。

2.电子商务的发展

互联网的开放性和全球化，使电子商务在近十余年快速发展，为商业领域带来了一次次革命，彻底改变了传统的交易方式、物流方式、支付方式等。这不仅在微观层面改变了企业经营模式以及消费者的消费习惯，而且从宏观层面来看，也深入影响了国际贸易关系和国家未来的竞争力。在大数据的背景下，电子商务的爆炸式发展，使信息流、资金流、物流的整合和协同形成了良性发展的态势，同时，各个环节也在发生着变化。电子商务的经营范围从实物转向服务，从实体经济转向虚拟经济，从线上转变为线上线下相融合，从依托互联网拓展到了移动互联网，物流最后一公里服务也逐步实现，从国内业务转向跨境贸易，正在逐渐与国际接轨。

随着电子商务交易领域的扩展，业务走向全球化，依托大数据，信用信息作为信息流的一部分内容，正在悄然被人们所重视，各国无论是进口商还是出口商为了寻求交易的保障，越来越重视信用信息的搜集、分析，信用信息未来将成为决定电子商务业务交易成功与否的关键因素，由于信用信息需在交易形成的过程中前置，故其影响甚至超过了物流对交易的影响。

（二）跨境电商的概念及特征

1.跨境电商的概念

跨境电商是指商务活动的主体或者交易标的物处于不同关境的电子商务，是国际贸易的新业态，是指跨境商务活动参与者将传统进出口贸易中的商品展示、洽谈、销售、购物渠道转移到了互联网上；其核心是"商务"，"电子技术"和

"互联网"手段。"跨境"和"电子"两个关键词,决定了跨境电商不可避免地具有全球性、无形性、保密性、即时性、无纸化和流动性等特征。传统跨境贸易包括出口业务和进口业务,跨境电商活动也一样由出口业务和进口业务构成。

跨境电商的流程分为出口流程和进口流程,二者的运作方向刚好相反。以出口为例,流程大致如下:跨境电商企业将出口商或者生产厂家欲出口的商品放在线上平台进行展示,电子商务企业可能是专门为其他商家提供平台服务的,也可能本身就是商品的生产厂家或者专营店;在购买者挑选好商品、下单并完成支付后,跨境电商企业着手将商品交付给购买者。如果前述交易属于间接电子商务,跨境电商企业将相应商品予以包装、交付给营业地址位于境内的物流企业进行传输;商品经过出口国和进口国的海关、商检后,再由营业地址在进口国的与出口商或者进口商有合作关系的物流企业将货物送达购买者手中,至此,就完成了整个跨境电商交易过程。为了减少交易成本和交易环节,加快交易进程、提高交易质量,有的跨境电商企业直接与信誉较好的第三方综合服务平台合作,该平台可以负责代办物流、通关、商检等一系列环节的手续;还有的跨境电商企业在产品所在地设置海外仓,达到简化交易过程中部分环节的目的。如果是直接电子商务,购买者在完成支付后,出售方允许购买者从网上直接下载其购买的标的物,完成交付环节。

跨境电商的运营模式根据行业模式和交易对象可以分为以下三种:B2B(Business to Business)模式,即企业对企业;B2C(Business to Customer)模式,即企业对消费者;C2C(Customer to Customer)模式,即个人对消费者。此外,还有O2O(Online to Offline)模式,即线上对线下。其中,B2C模式和C2C模式又统称为跨境网络零售,因为二者都直接面对最终的消费者。

2. 跨境电商的特征

(1)全球多边性

跨境电商是依附于互联网进行的在线交易,具有非固定化的全球性特点。与传统外贸交易模式相比,地理要素已不再是核心因素了,取而代之的是无边界的特点,线上交易主体无需考虑关境限制,可以通过服务平台将商品或服务提送到国际市场,在交易过程中,一般涉及两国以上的跨境电商服务平台、跨境物流配送、跨境支付平台,这些共同构成了立体的网状模式。全球性特征带来的正向影响是提升了信息资源共享程度,反向影响是各国政治、经济、文化和法律的不同会带来一定的不可预知的风险。

（2）无形数字化

数字化传输是以互联网为路径，将文字、图像和声音等通过不同类型的载体在全球网络环境中进行传播和共享，这些载体是以数据代码的形式存在的，是无形的。数字化产品和服务是电子商务发展带来的新型商品，它们以数字模式传输也具有无形化特点。在电子商务中，无形商品是和实物商品具有相同价值和使用价值的，是具有一定替代性的商品。当然，线上交易中，消费者购买数据权后便能共享知识和数据资源。然而，这一特征也带来了界定交易的性质、监督交易的过程、征收关税等突出问题，这也成了政府部门和经济、法律界亟须研究的新课题。

（3）即时无纸化

传统贸易模式中以传统载体发送与接收的信息存在着一定的时间差，而跨境电商模式下，依托互联网传输信息的速度和范围与现实的时间和空间距离已没有关系，数据发送和接收都是以比特的形式传送的，全程无纸化，一方发送的同时，另一方几乎同步就能接收，就像面对面谈判，无缝交流。下单订货、签订数字合约、完成付款都可即时完成。由于跨境电商的发展迅速，各国的法律对于数字合同、无纸交易的规范进程还不同步，因此，无纸化也带来了交易过程中一定程度上的规则混乱，各国应及早修订并寻求国际统一标准的电子商务法律，以保护跨境电商快速而有秩序地发展。

（4）高频直接性

依托电商交易服务平台，消费者可以直接检索寻找所需商品，并能通过比较找到最合适的供应商，绕过中间商，从而通过直接交易的方式降低了成本。相较于传统贸易，交易环节和过程的缩短，大大提高了交易效率，因此，小批量的多次采购的模式得以实现，对于中小采购企业而言，既降低了资金风险，同时也缓解了资金链的压力。

（5）流动性

跨境电商的发展壮大主要依赖于互联网技术的突飞猛进，而不需要过多考虑实体经营场所。只需要能够连接互联网，便于交易双方的沟通，就可以实现贸易的目的，且不受时间与空间的限制，非常方便,这与传统的交易形式有很大的差异。

（6）保密性

基于第三方的电子商务交易平台，跨境电商平台不需要透露自身的相关信息内容，确保了足够高的隐私权限。另外，网络交易不需要借助实体介质来完成交易信息的记录，所以不存在用纸质文件来留存交易内容的情况，从买卖双方沟通到付款完成交易，所有的流程在第三方交易平台即可完成，所以具有很强的保密性。不过伴随着隐蔽性的提高,安全及监管方面的问题也随之而来,且难以避免。

二、跨境电商的分类

跨境电商是一种全新的贸易模式,是"互联网+"和国际贸易二者的有机结合。根据商务活动服务的界定,跨境电商包括广义上和狭义上的概念。广义的跨境电商,是指以电商平台为载体,来自不同关境的交易主体进行商品展示,然后进行交易、线上支付结算,并通过跨境物流线下运送商品、完成交易行为的一种国际贸易模式。狭义的跨境电商则具体指 B2C 零售业务。实质上,供货商还是采用把货物"运出去"或者"运进来"的一般贸易方式,而在此过程中依靠国外仓库或保税仓,基于类别管理,通过网络技术的运营和流通,在企业(B 端)将商品销售到国内外消费者(C 端)手中。因此,跨境电商不仅是"互联网+"时代下传统对外贸易的一个扩展,同时也是一种进出口贸易环境下的电子商务。

(一)按照交易主体类型划分

按交易主体类型分类,跨境电商主要包括 B2B 模式、B2C 模式、C2C 模式、C2B 模式四大类。

1.B2B 模式

B2B 模式是指位于不同国家或地区间的企业供需双方,借助互联网技术或各种商务网络平台完成商务交易的过程,这些交易过程涵盖了供求信息发布,协商,确认收货,跨境支付及票据的签发、传送和接收,确定物流方案并监控配送过程等。B2B 模式有以下几个特征。

第一,普遍性。跨境电商迅猛发展,带来了一种异于传统贸易的新型交易方式,涵盖的不仅是单个企业对单个企业之间的交流协商交易,更是将传统贸易中的各个参与者,如政府、流通企业等融合到一个新的生态圈。商家、制造商、贸易公司以及买家迅速融入 B2B 模式,借助跨境电商 B2B 平台开展业务拓展,逐渐把核心业务转移到跨境电商平台上来。同时,跨境电商 B2B 第三方平台积极开发各种配套功能,更新传统跨境物流功能,使其与电子商务结合。国家与国家之间更是针对本土与海外及新兴国家跨境电商 B2B 模式的发展特点出台了对应的法律法规,以规范和促进跨境电商的发展,跨境电商 B2B 模式适用领域广,具有普遍性。

第二,协调性。B2B 模式的出现,进一步协调了商家买家之间的商务活动。跨境电商 B2B 平台考虑到全球各国的采购特点更新了平台功能,不但利用即时聊天工具使买卖双方在线协调，而且有对应的在线物流和第三方物流企业配套使用，同时海关也结合跨境电商的发展进行协调，使批量交易变得更加简便和快捷。跨境电商 B2B 平台绑定了各种跨境支付工具，加快了交易流程。

第三，安全性。跨境电商 B2B 的安全性，归根结底在于资金交易的安全。电子商务的快速发展，得益于电子科技的高速发展，数字加密、数字证书、防火墙等网络技术的完善，使得 B2B 模式的安全性得到了大力的保障。

第四，集成性。跨境电子商务 B2B 模式一改以往传统贸易环节链接不够紧密的缺点，通过互联网独立平台或者第三方跨境电商 B2B 平台，将原材料采购、加工生产、订单协商、物流通关等都集中于跨境电商，通过电子网络去进行操控运作。

第五，高效性。跨境电商 B2B 模式得以快速发展，主要依靠的就是网络技术的便捷性，只需要对产品拍照片或者视频并发布到跨境电商 B2B 平台，根据产品的特点和卖点设置好标题，就可以将产品展示到全球有需求的买家面前。买家免费注册平台账号，就可以查询到需要采购的产品，并在线进行支付及订单和物流通关信息查询，极大缩短了交易流程。

2.B2C 模式

B2C 模式指商家与消费者，也可以解释为"经由信息网以电子信息形式来完成的公司与客户间的各类交易行为"。它属于在万维网前提下快速形成并发展的一种电子商务模式，是运用电脑、网络使公司与顾客直接发生经济往来的一种模式，能够为顾客的消费提供各类产品、服务以及线上支付形式，主要用于零售和服务领域，是运用网线展开的线上销售行为。因网络普及度越来越高，如今已经有了各种各样的网站，提供书本、生活用品、服装等各类产品以及线上观影、游戏等各种服务。B2C 模式下的商家通常都是通过工商行政机关注册的公司。相较于个体与个体之间进行的交易，明显更易获得顾客的认可、信任，所以，B2C 模式的电子交易平台已经变成了线上购物领域顾客的首要选择。联合国贸易与发展会议公布的《2015 年信息经济报告》中提到，在世界上 130 个经济主体当中，B2C 跨境电商最为领先的是小型欧洲经济这一主体，而快速增长的则是发展中国家的经济主体，事实上，在 B2C 电子商务领域，我们国家已经成了世界上最大的市场。我国现有的天猫商城、苏宁易购、当当网等都在运用该模式进行商业运作。

在 B2C 模式下，企业根据顾客所需，创建电子目录以便于消费者查找其所需要的产品，以同一类型商品对比的方式协助其做出购买决策。消费者阅览商品评语后，将商品添加至购物车内、下单或者取消、编辑订单，并进行线上支付、追踪订单动态等操作。公司以查证消费者注册信息的方式，对其订单进行处理，做好其选购产品的结算等工作。商家还可以发布与商品有关的信息、线上广告，提供售后服务等。其特征为交易线上化、世界商贸一体化、服务多样化等。相较于传统形式的商务发展，B2C模式的发展有很大不同：其一，销售途径不一样。传统商务方式是经由各利益相关方展开交易的，而B2C模式能够每天持续不间断地为顾客供应商品、服务，顾客则以个人计算机（Personal Computer）为主要交流媒介，依据相关平台供应的商品来挑选其想要的产品。他们无须与商家当面交谈、沟通。其二，标的所包含的内容不一样。传统形式的商务包含的只是实体物质，但电子交易形式中，标的包含的既有实物又有服务、虚拟物等。其三，交易合同方面的不一样。传统形式的商务合同签订需要交易双方以平等身份协商以后，共同拟定并完成签约。但B2C模式则是将线上商家提前拟定好的电子格式条款作为合同的内容部分。

3.C2C模式

C2C模式是指在跨境电商活动中，个体经营者与个体消费者之间交换商品或提供有偿服务的商业模式。C2C电商平台上的商品交易属于个体经营活动，商家借助网络交易平台，方便消费者通过网上竞价、议价等方式完成交易活动。互联网作为媒介和便捷的网上支付操作模式则为网上交易提供了可能。C2C电商平台不论是对消费者还是商家都是免费开放的，把传统的线下交易转移到了线上，因此商品的品质参差不齐，有崭新的也有陈旧的，有正品也有仿制品。由于买卖双方都是个人，因此用户量巨大、交易量惊人。目前，C2C模式的电子商务已经成为中国经济发展的重要增长点。

与传统贸易模式不同，C2C跨境电商不需要拥有经营场所和固定地址，我国法律制度对其也没有强制办理工商登记等实质性要求。该模式打破了时空的限制，交易过程中C2C跨境电商平台仅起到中介作用，并不直接参与交易，赋予买卖双方一定的价格话语权，因此定价灵活，使其交易形态具有相当的灵活性。主要具有以下几个特点。

（1）交易方式虚拟化

不同于B2B、B2C等传统实体商务模式，C2C模式下卖方个人不需要拥有固定的经营场所，也无需进行工商登记和税务登记，只需要在电商平台申请账号并交纳相应保证金即具有主体资格，而买方个人则仅申请注册账号即可进行交易，准入门槛较低。由于买卖双方在线支付、物流运送均通过电商平台及第三方支付、物流平台进行，整个交易过程处于网络虚拟的环境中，隐蔽性高，因此买卖双方无法获知对方的真实信息，甚至对于销售方是否具有相关交易资质、所销售的商品是否合规，购买方也无从考证，导致售后时而无保障、消费者时常维权难。

（2）货币支付电子化

C2C 模式依托第三方支付平台进行货币支付，主要包括网上银行、支付宝等媒介。在交易过程中，买家先把款项支付给第三方平台，当收到货物或实现服务时，再确认付款，由此第三方支付平台把货款转付给销售方，保障双方的交易安全。同时，若买方不满意已实现的货物服务，则可以再提交相关证据理由后，拒绝确认付款，借助退货退款等功能终止交易，最大程度地保障自身利益，减少损失。另外，C2C 电商活动的支付电子化彻底摒弃了传统实体交易模式下的签订合同、核对账单等流程，实现了货币支付无纸化，降低了交易成本，提高了效率。

（3）交易便捷灵活化

C2C 模式使得交易主体的时间与空间界限变得越来越模糊，在网络信息技术的支撑下，C2C 模式告别了传统贸易下只能在固定经营所在地交易、店铺定点开张打烊的弊端，使得买卖双方不论何时何地均能实现商品和服务交易；并且拓宽了交易范围，使得交易活动多元且便捷灵活。同时，随着经济全球化的推进，C2C 电子商务交易突破国界，进军海外市场，变得更加便捷灵活化，C2C 电子商务的交易国际化会成为必然趋势。

4.C2B 模式

C2B 模式，即客户对企业的商业模式。C2B 模式下企业根据消费者的消费意愿决定企业的产品生产方向，消费者参与生产，以消费者为主导。C2B 模式区别于其他模式的本质在于，其他模式都是先生产产品，然后通过推销产品来清理自己的库存，而在 C2B 模式下，这种顺序进行了颠倒，企业根据消费者提出的需求组织产品的生产，在这个过程中既满足了消费者个性化订制的需求同时也减少了企业的库存，降低了企业运行的成本。

C2B 模式作为一种新型的商业模式，具有较为明显的特征。

首先，与传统商业模式相比，在消费主导性上发生了转变。C2B 模式是以消费者消费意愿为中心的商业模式，通俗来讲，就是消费者需要什么企业就生产什么，通过平台大数据算法，向消费者推荐产品，促进消费。企业根据消费者下单数量以及商品条件生产产品，这样既能满足客户私人订制的需求，企业也能从中获利。

其次，根据企业生产力的大小，C2B模式下对消费者商品需求数量基数有一定的要求，需要企业通过发起活动或其他方式吸引客户流量，只有客户流量足够大，商品成交率才有可能随之提高，企业才能实现盈利。如果消费基数过小，企业生产运转的成本大于商品价值，企业就可能会放弃产品生产，导致商品交易失败，进而客户流失，企业信誉降低。

再次，C2B模式下对产品供应链的要求较高。C2B模式下以消费者为主导，在商品交易过程中消费者对产品可能会有私人订制的需求，企业所生产的常规商品不能满足消费者要求，此时企业就需要重新设计生产。从原材料的采购再到生产技术的改变，都会对企业供应链的应变能力提出较高的要求。

最后，对企业最为重要的就是盈利问题。C2B商业模式下成本由于消费者的消费需求不断变化，企业成本与消费者的个性化需求之间的平衡较为难以把握，在这一方面，有的企业靠提高商品成交价格获取利润，有的企业靠压缩成本，增加销量获取利润，这主要与企业所处的行业有较大关联。

（二）按照经营产品的类别划分

跨境电商按照经营产品的类别进行划分，主要分为综合型和垂直型两种电商类型。

1. 综合型跨境电商

综合型跨境电商是指所经营产品的种类和范围相当广泛，产品间往往不具备明显的相关性，也不存在明确的特殊的目标顾客群体，同时提供其他一系列服务模式的跨境电子商务企业。综合性跨境电商的特点就在于展示出的商品品类丰富繁多。

一般来说，将企业经营战略中没有选定特定群体或销售特定产品类别进行经营的跨境电商分类为综合型跨境电商。比如，网易旗下的网易考拉，销售产品种类涵盖家居、保健、美食、箱包、家电、彩妆等产品；以及洋码头和京东、天猫等。

2. 垂直型跨境电商

垂直型跨境电商是指以特定产品类型或者特定消费群体为市场，并在此细分市场上进行纵向发展、挖掘相关需求的跨境电商，主要为特定顾客群体或者特定产品销售领域提供电商服务。

一般来说，依据跨境电商的产品策略，将以某一特定类型产品或者特定销售目标群体为经营方向的企业划分为垂直型跨境电商。例如，安克创新明确了自己的品牌目标便是做成世界第一的数码充电品牌,并致力于提升电器品质,传播中国的"智造"之美;而梦百合则在功能性家居用品领域深耕,进行大量科研生产,被标榜为"压床垫开创者",并持有多种家居方面的全球发明专利;三雄极光公司则主要负责研发与制造高品质、高档次的绿色及节能照明产品,并围绕产品为顾客提供完整的照明解决方案和专业咨询服务,成为中国最具综合竞争力的灯具品牌之一。

(三)按照网站开发与运营主体划分

近年来,跨境电商平台竞争日益激烈,客户对平台运行质量的要求越来越高,因此跨境电商平台不断推出不同的运营模式以提升消费者的购物体验,缩短跨境电商进口产业链,保证产品质量。目前,跨境电商平台主要可分为自营型和第三方型跨境电商平台。

1. 自营型跨境电商平台

自营型跨境电商平台类似于零售商,平台直接参与商品选择、采购、销售、运送的整个供应链流程,并深度介入物流、客服、售后等服务。自营型跨境电商平台在获得某些品牌的代理权或者经销权后,直接向供应商进货或者海外自采,在平台的电子商城进行售卖,并提供仓储、物流等服务,消费者可以在该平台上进行一站式采购,其主要盈利源于进口商品的差价。比如,考拉海购、唯品国际、蜜芽等。自营型跨境电商平台主要有以下特征。

第一,产品品类较为单一。自营型跨境电商平台的运营经营活动由平台亲自实施,受限于平台运营能力,只能管理数量有限的品牌商,导致自营型跨境电商平台难以组织海量商品的经营,商品和商户(品牌)的丰富性不足。自营型跨境电商平台可分为综合自营型跨境电商和垂直自营型跨境电商两种,相较于垂直自营型跨境电商,综合自营型跨境电商平台的商品品类较多,但与第三方相比还有一定差距,而垂直自营型跨境电商则对某一目标市场的消费群体进行研究与深挖,因此其商品品类更为单一。

第二,供应链全程可控。自营型跨境电商平台对商品的选择、分类、展示、交易、配送、售后等交易流程均进行把控,对供应商、物流提供方以及存储方的各个环节有较强的控制能力,满足了消费者在商品及时送达、质量保证、用户体验方面的较高需求。自营型跨境电商平台将供应链延伸至商品产地,直接对接境外商家,实现商品源可控,并依靠企业的境外物流体系进行商品品质保证,与商品销售、售后服务以及其他业务环节密切配合，实现采购、仓储、物流、销售、售后一站式服务。

第三，自建物流体系。良好的购物体验依赖于快速的物流服务。自营型跨境电商平台多倾向于自建物流，通过自营体系，由平台企业亲自参与从采购到销售再到运输的完整跨境交易链，在物流售后服务方面更完善，带给了消费者更好的消费体验。截至目前，考拉海购在杭州、郑州、宁波、重庆四个保税区拥有超过15万平方米的保税仓储面积。同时，在宁波建立了25万平方米的现代化、智能化保税仓，考拉海购还将陆续开通华南、华北、西南保税物流中心，并将开通国际物流仓储中心。

第四，仍存在假货风险。目前在我国跨境电商行业假货问题很难杜绝。尽管自营型跨境电商平台通过平台自采，且由境外商家直接授权，检验检疫机制较为完善，但是仍然存在假货风险。如保税仓模式要经过进货、国际物流、保税、包装、国内物流等环节，供应链持续时间较长，涉及主体较多，某一环节的监管不力就容易使假货进入市场。××海购有90%的跨境商品采用保税进口方式，在电商3·15曝光台上，××海购曾被举报"疑似售假"。

2. 第三方型跨境电商平台

第三方型跨境电商平台只为入驻商家提供展示、营销和支付服务，不参与用户交易和商品采购、仓储和运输等环节。该类型跨境电商平台通过平台招商引进具有境外零售和品牌授权资质的商家入驻平台，进行进口商品销售，并承诺所有商品均属于境外生产和销售，商品下单后直接从境外原产地采买或授权商家直接从海外直邮送至境内消费者手中。第三方型跨境电商平台主要有以下特征。

第一，进口商品种类丰富。第三方型跨境电商平台不参与商品的采购、仓储和运输等环节，因此无库存、采购、成本等商品压力，增加入驻商家的数量或者在售商品数量对第三方型跨境电商平台来说成本微乎其微，因此该类型的跨境电商平台在商品数量、种类方面更具优势。为提升竞争力，第三方型跨境电商平台有意通过降低入驻门槛和提供优惠政策增加平台所售商品品类及数量。2020年天猫国际持续推出一系列扶持政策，截至目前天猫国际已有全球87个国家和地区的29000多个境外品牌入驻，产品涵盖5800多个品类，成为跨境消费爱好者的首选平台。

第二，依托第三方物流。第三方型跨境电商平台只向商家和消费者提供交易平台，对交易链条中的各个环节均不参与，因此在物流运输方面，需要卖家自行联系物流公司进行配送，因此，到货时间、物流过程和服务均没有保障，在售后维权方面也较为困难。为避免一系列的物流纠纷，天猫国际与第三方物流公司——菜鸟物流进行合作，配合阿里投资的庞大物流网络圈，形成了货通天下的智能物流骨干网，为消费者提供进口保税、海外直邮、进口现货三种方式，以保障物流全程可控，责任追踪明确，给消费者带来了更好的跨境电商购物体验。

第三，售后服务有待完善。在经营过程中第三方型跨境电商平台会监督商家，对于消费者举报和媒体报道的销售假冒伪劣进口产品的现象，平台也有相应的惩罚措施和维权政策，以保障消费者的权益。但是第三方型跨境电商平台运营模式的进口商品供应链涉及多方主体，包括品牌商或代理商、跨境电商平台、仓储企业、物流企业，因此，在发生跨境电商进口产品质量安全问题时，责任认定较难，容易造成维权纠纷，进而降低消费者的购物体验。

第四，监管困难。第三方型跨境电商平台体量大、企业不对产品负责，因此容易受到更严重的假货质疑。即使平台制定了一系列的商家入驻标准及运营规则，但是由于该模式下的入驻商家与商品数量众多，难以有较高的监管和质检力度，在资质审查时难免有漏网之鱼，因此造成的部分入驻商家的欺骗行为打击着消费者对平台的信任。此外，消费者的固有印象也始终影响着对平台的信任度，如天猫国际依托淘宝网，虽然拥有海量的流量支持，但是由于淘宝网长期培养的消费者的购物习惯和人们对淘宝的认识及固有印象，不少消费者对天猫国际所售的境外商品是否为正品心存疑虑，因此打击假冒伪劣进口产品，提高消费者信任度成为天猫国际这类第三方型跨境电商平台的严峻挑战。

（四）按照商品流动方向划分

跨境电商按货物流向可分为出口跨境电商和进口跨境电商两种，目前我国跨境电商以出口为主。

1. 出口跨境电商

出口跨境电商活动是指国内生产厂商或企业通过跨境电商平台，将国内的产品卖给国际市场的买家。出口跨境电商是在互联网时代企业对外出口的一种新模式。自我国开展跨境电商业务以来，出口跨境电商就一直占据着绝对的主导地位。从政策方面，我国也一直坚持跨境电商发展以出口为主、进口为辅，继续加大力度促进传统外贸企业向出口跨境电商进行产业升级。

2.进口跨境电商

进口跨境电商就是国内消费者或企业通过跨境电商平台购入海外商品，实现跨国商品和服务交易的过程。我国进口跨境电商处于一个起步不久、快速发展的阶段。随着我国跨境电商行业开放程度的提高以及我国消费者越来越接受跨境电商购物，这种持续上升趋势有望得以继续，但是国家的新政策也可能给进口跨境电商的发展带来不确定因素。

第二节 跨境电商的相关理论

一、生态系统理论

（一）系统理论

系统论认为系统是由若干组成部分相互作用、相互联系而形成的整体，它具有每个构成要素隔离时不具备的特定功能，并且系统的内部构成要素与外部环境交互进行能量、物质的交换。每个系统的基本特征是整体性、等级结构性、动态平衡性、关联性、时序性。系统要素之间的相互作用体现了系统的时空变化。从时间上看内部构成要素之间的相互作用体现了系统的运动变化，各方力量总是处在此消彼长的变化之中；从空间上看系统要素之间的相互作用是系统的内部结构，代表着系统的演化动力。系统内的相互作用是以系统的外部环境为条件的，尤其是系统的进化必须依赖于外部环境能量、物质供给。

系统论的核心思想就是把想要分析和处理的问题、事件，视为由若干组成部分构成的系统整体，分析整体的功能和结构，研究组成部分之间的相互作用关系、系统与环境之间的转化关系，以此达到优化系统的目标。系统普遍存在，任何事物都可以视作一个系统。按照系统的构成要素划分，本书将跨境电商视作一个经济系统（供应商、消费者、跨进电商平台、物流平台、支付平台为系统内部构成要素，国内政策、经济、社会、技术等宏观环境为外部环境），在行业市场环境下，各要素之间进行信息、资源、资金的流动，完成跨境贸易经济活动。

（二）商业生态系统理论

商业生态系统由生态系统演变而来。生态系统这一概念由英国生态学家阿瑟·乔治·坦斯利（Arthur George Tansley）定义：在时空结构中，有机体与生物群落以及它们所生活的生态环境之间的物质循环和能量流动的相互作用形成了一个统一的整体。随着人们对自我社会组织结构的认识和对生态系统的深入研究发现，人类社会组织结构的运转与生物学意义上的生态系统极为类似。于是美国著名经济学家詹姆斯·弗·摩尔（James F. Moore）在《哈佛商业评论》上第一次提出了"商业生态系统"概念，将"生态系统"这一概念运用到社会科学领域，他将商业系统中企业的合作竞争类比为自然界中物种之间的优胜劣汰、协同竞争。商业生态系统是一个经济联合体，以供应商、消费者、生产商、销售商、市场中介、投资商、政府等相互作用的个体和组织为基础，以某个核心企业为指引，发展自身能力的同时协同对经济联合体发挥作用。各参与主体虽被不同的利益支配，但又资源共享、互利共存，注重社会、环境、经济综合效益，共同维持系统的延续和发展。

跨境电商生态系统就是在跨境电商系统的基础上，引入外部环境的作用，因此跨境电商生态系统是由跨境电商子系统与外部环境子系统两个子系统组成的复合系统，具有复合系统的性质特点。

（三）协同学理论

20世纪70年代，著名物理学家赫尔曼·哈肯（Hermann Haken）创立了协同学，他认为协同学是研究协同系统从混乱到统一的演变机制的综合性学科。

协同学理论主要研究与外部交换物质或能量时，远离平衡的开放系统如何通过自身的内部协同作用在时间、空间上形成有序的结构功能。协同学理论集合现代突变论、系统理论、控制论、信息论等的最新成果，借鉴结构耗散理论，结合使用数学模型和数据分析，形成了定性分析与定量测算的综合分析方法，在从微观到宏观的转变中，描述了不同系统和现象从混乱到统一的演变机制现象。

二、国际贸易贸易理论

（一）比较优势贸易理论

英国古典政治经济学家大卫·李嘉图（David Ricardo）的《政治经济学及赋税原理》中出现了比较成本贸易理论，被后人称为"比较优势贸易理论"。该理论认为，在国际贸易上，竞争对手的差别就表现在生产技术上，生产技术越高，竞争优势也越明显。每个国家在出口时都需根据"两利相权取其重，两弊相权取其轻"的原则选择相对有优势的产品，进口自身不占优势的产品。贸易产生的基础和贸易利得在比较优势贸易理论中得到了充分解释。

比较优势的表现：在两国贸易中，不同的产品劳动生产率的差距也不同，相同的产品在劳动生产率差距上也不完全一样,出口的产品往往都是本国比较有优势的产品,进口的产品则是为了弥补本国劣势的产品。比较优势理论的诸多研究中,美国经济学家保罗·克鲁格曼(Paul Krugman)和吉恩·格罗斯曼(Gene Grossman)以及以色列当代著名经济学家埃尔赫南·赫尔普曼(Elhanan Helpman)的研究比较突出,在引入规模经济、产品差异等相关概念体系基础上形成了新主流,其他学者又在这一新主流上从专业化、技术差异、制度、博弈和演化等不同角度对比较优势理论进行了拓展。

赫尔普曼和克鲁格曼分析比较优势运用了垄断竞争模型,在自由进入和平均成本定价方面展开研究,得出如下结论:市场竞争越激烈,对产品的需求越大;产生的需求量越大,利润越大,产品的种类就越多。在自给自足的情况下一个国家所拥有的产品缺乏多样性,而贸易丰富了众多消费者的选择。同时如果贸易增加了消费者需求弹性,也会促进单个厂商规模效率的改进。这样单个厂商在规模经济作用中也确定了自己在国际市场中的优势。实际上,克鲁格曼在很早之前就已经提出了国内市场规模会对一个国家在国际上的比较优势产生影响,他还论述了不同背景下的静态和动态优势。经过实证研究表明出口商通常比内销的厂商规模更大,厂商和产业规模与出口量之间存在正相关关系。

有学者根据赫尔普曼和克鲁格曼的思路进一步总结并阐述了递增性内部规模收益为比较优势的根本。该学者认为具有递增性内部规模收益的模型在三方面优于传统的比较优势学说:第一,该模型建设了专业化中获取收益的新基础,即便贸易伙伴们拥有相同的技术和要素比例,这种专业化也同样存在;第二,该模型认为具有较大的国内市场的厂商在世界市场竞争中占据很大优势;第三,该模型便于人们理解贸易、生产率和增长之间可能存在的联系。

(二)交易成本理论

交易成本理论诞生于1937年,该理论认为:无论市场的所有权发生什么变化,资源的最优配置一定能够通过市场交易实现,而不需要交易成本;如果存在交易成本,那么资源所有权的归属会导致不同的资源配置结果。由此可以断定,市场中的所有产品都拥有一定的研究与交易成本。

实际上,交易成本在国际贸易中一般会阻碍交易的发生、延缓交易的进程,使得企业在对外贸易中存在各种不便利的情况,会降低企业走出国门的欲望。同时,过多的交易成本使得国家的营商环境不够开放,会极大降低投资吸引力。因此,贸易便利化的推进可以在最大限度上消除交易成本,可以提升贸易效率与增强贸易可能性。由此可见,交易成本理论对于贸易便利化的作用是积极的。

然而对于跨境电商交易来说，运用互联网平台所发展起来的这种交易实质上还是国际贸易，只不过借助互联网改变了传统的交易途径。因此，跨境电商的理论基本符合国际贸易的理论框架。对于降低跨境电商交易成本来说，互联网的时效性与便捷性作为重要因素的贡献率是最大的。

通过前面分析的交易成本理论可知，跨境电商可以降低交易成本的主要原因有以下几点。第一，降低了初期的搜索成本。与传统贸易相比，跨境电商企业可以在互联网上上传并发布商品信息，突破了时间、空间限制。第二，减少信息不对称的可能。基于无纸化、电子化的交易流程，跨境电商的买卖双方在此流程中可随时沟通交流，避免了信息不对称的情况。第三，降低了契约成本。从跨境电商的主要形式来看，目前其订单特点大多是客户分散和金额小，减小了传统贸易需要囤货的风险，能加速企业流转。

（三）自由贸易理论

国际贸易的核心理论一直是自由贸易理论，它作为国际贸易理论发展的主轴线，对后世各种类型的贸易理论和政策选择都产生了深远的影响，理论的创始者是英国经济学家亚当·斯密（Adam Smith），后来大卫·李嘉图等人在不同时期不断进行丰富完善。自由贸易理论的发展主要分为三个阶段，古典学派亚当·斯密认为因为不同的国家生产同样的商品所需的成本不同，所以各国倾向于生产本国具有绝对优势的商品，这样才能提高劳动生产率，增加各国的物质财富。后来，大卫·李嘉图在亚当·斯密的基础上提出了"比较成本说"，认为国家应选择优势较大或者劣势较小的产品进行出口，进口较为劣势的商品，大卫·李嘉图的理论为自由贸易政策奠定了发展基石，对发展中国家参与国际分工也具有一定指导作用。再后来，是以要素禀赋理论为代表的新古典贸易理论，认为贸易起源于生产要素的差异，且如果国与国之间的生产要求不能自由流通，那报酬要素也会不均等。例如，我国服装可以完全出口到美国，美国服装供给增多，服装价格降低，美国工人的工资也会降低，相反中国工人工资相对提高，这样就实现了一个服装生产工人报酬要素的均等，所以用本国生产要素丰富的商品进行出口，进口自己稀缺的要素，这样就能巩固在贸易中的地位，在世界范围内优化配置，调整经济结构，改善分配不均的状况。

不同时期的自由贸易代表虽有不同，但其本质基本是一致的，其实质都是鼓励各个国家取消对进出口贸易的限制，利用各国的优势进行合理分工，进行专业化生产，各国商品自由流通，促进各国经济的发展。这一点与贸易便利化的本质内涵是相似的。

（四）集聚经济理论

工业区位理论提出者、著名的德国经济学家阿尔弗雷德·韦伯（Alfred Weber）从工业区位的角度阐述了应将企业吸引到生产费用小，能够节约费用的地点去。他经过反复推敲，认为产业集聚是递进的且分为二个阶段。在产业集聚的初级阶段，企业自身只进行在规模上的简单扩张，引发其自身的产业集中化；产业集聚第二阶段，企业进一步扩张，各国企业相互联系达到组织方式优化并聚集于某一地区，而这一地区的贸易环境因为各企业的组织优化得到了改善，其他同类企业的劳动力在整体优化的专业化环境的带动下又达到高级聚集的阶段。产业集群能吸引相关的经济体的集聚，促进企业生产专业化、规模化。产品在流通中省略了中间商，交易成本降低，这样买家和卖家都能在交易环节受益，否则在恶性竞争的环境中，资源和信息得不到共享，恶意竞争造成企业发展停滞。同样的道理，在电子商务良好的竞争氛围下各行业和企业就好似一个经济生态圈，相互密切联系能够产生多向的正外部经济效应，创新了信息流、物流、资金流方式，营造了优良的贸易环境，发展了企业电商经济。

三、营销理论

（一）营销环境理论

市场营销环境是企业开展营销活动的根本立足点。企业的生存和发展壮大离不开对所处环境的深入研究。通过对外部宏观的经济、政治、人口、法律、文化、科技等因素，以及微观的顾客、竞争者、企业等进行分析梳理，可以为企业制定科学的营销战略和策略打下扎实的基础。

（二）市场细分理论

美国营销学家菲利普·科特勒（Philip Kotler）认为市场细分理论在概念上并不仅仅是市场细分，还包括目标市场选择和市场定位。他认为企业要想在竞争中取胜，需要找准特定目标人群，只有立足于目标客户才能更准确地进行市场定位。

1. 市场细分

市场细分是指公司广泛研究消费者的消费趋势、消费需求、消费能力，然后分析消费者的消费记录，并对分析结果进行分类。市场是一个复杂的组合，企业几乎无法满足消费者多样化的需求，这就要求要对市场进行调研，根据目标客户的购买行为和购买习惯进一步划分市场，将目标客户分为不同的类型，然后调查不同目标客户群体的消费需求。地理细分、人口细分、心理细分和行为细分是导致消费者需求产生差异的四类因素。

有效的市场细分需要特定的几个步骤：首先，确定产品的市场规模，公司制定市场战略必须依据其所在行业的市场规模；其次，需要挖掘潜在客户，对这些客户的主要需求和购买行为进行分析，找到可能的影响因素；然后就是分析阶段，选择产品市场范围，根据目标市场客户不同的需求以及购买意愿来明确细分市场；最后是细分阶段，根据已经确定的细分市场进一步认识并划分细分市场。

2. 目标市场

美国著名营销专家杰罗姆·麦卡锡（Jerome McCarthy）最早提出目标市场的概念，他认为企业只有基于准确的目标群体才能有精确的市场定位。企业利用相关产品和服务来迎合消费者的需求，由此获得市场份额，这是市场细分的结果。确定目标市场，不仅可以使企业避免绕道而行，还可以借助数据的支撑，将合适的人力物力及时投入潜在的市场。由于市场的复杂多变，企业对市场进行数据分析和研究需借助一定的工具。研究证明正确的市场目标是企业营销活动顺利进行的关键。

在对整个市场进行细分后，必须对每一个细分的市场进行评估，然后测算出对应的市场潜力、竞争情况以及自身资源能力和条件等。

根据不同的细分市场，企业要实现自己的目标，可以选择以下三种目标市场策略。

第一，无差异市场营销策略。此策略将市场所有主体作为潜在客户，忽视个体之间以及细分市场之间的差异，依靠一套同样的营销方案争取很多的客户。采用这种标准化批量生产的无差异市场营销策略，成本更低。然而，这种策略忽略了不同国家和地区的不同顾客的不同需求，损失了部分潜在客户。

第二，差异化市场营销策略。这种策略强调细分市场的差异性，根据不同市场特性制定不同的方案。针对每一个细分市场生产不同的产品，品类众多、数量较少，按照需求生产，满足不同客户团体的需求。公司同时活跃于几个细分市场，以便同时在不同的细分市场中占据有利地位。如果一个公司可以在不同的细分市场占得先机，这有利于公司获得更多的市场份额。差异化市场营销策略的缺点有两个：随着产品的增多，管理和积压成本增加，要更好地实现公司营销的目标，需要在每个细分市场都进行销售，这增大了营销成本；兼顾各个细分市场可能并不能取得良好的营销效果，资源的有限性和分散性可能导致内部的争夺。

第三，集中性市场营销策略。集中性市场营销策略是根据不同细分市场的特征而制定的，企业不是要占领一个大的市场，而是要集中资源在某一个市场中占有更大的份额并产生效益，针对该目标市场的资源集中发力，利用特定的营销策略加上自己的专业化产品，扩大市场份额。目前很多中小型企业采取的便是这种方法。这种方法的好处在于可以凝聚力量，直击要害，即企业充分利用他们的专业知识，向市场精准提供消费者所需要的产品，这样成本最低，最具有经济效益，还能够提高企业的知名度。缺点是企业会因此放弃占领其他市场的机会，在单一市场中风险相对较高。当顾客的购买行为出现转变，销售就会缓慢甚至停滞。因此，一般公司通常倾向于将他们的产品分散到不同的市场来规避此类风险。

综上可知，三种目标市场策略各有千秋，公司需要全面考量，根据自身规模、产品特征、市场情况、产品生命周期以及竞争能力等因素慎重选择。

3. 市场定位

市场定位是指企业为了占据市场份额，对细分市场中的潜在顾客进行需求分析，提供特定的产品和服务。市场定位本质上是实现相似产品的不同体验，即产品的差异化。这些差异的要求者是顾客，企业通过分析顾客的购买行为以及购买行为偏好，如颜色、特征等，来预测目标客户的需求。企业根据顾客需求对原有的产品进行适当的改变或设计一种新的产品，完善产品细节和功能，并利用所有可能的营销手段将这一信息传达给目标客户，以获得目标客户的满意和认同。企业通过市场定位生产出更加迎合目标客户需求的产品，从而使自己有别于同行业的公司品牌，同时让目标客户也明白这种差异化。

企业瞄准潜在客户的心理，给客户留下特殊的感受，从而产生更强大的竞争优势。进行市场定位是为了在一定程度上区别于其他公司，同时让客户感受到不同，并在脑海中留下独特的印象。市场定位要求独特的产品表现出不同的个性，给客户留下独特的印象。产品包含产品类型、性能、形状、包装、品牌等诸多要素。市场定位通过突出特定的产品元素来打造独特的形象。市场定位着重表现产品之间的根本区别，这不是从制造商的角度来推动产品的改变，而是基于市场细分来开发独特的产品。

为了实施有效的市场定位，企业必须遵循一定的步骤：一是必须明确定位；二是识别重要的属性，如产品价格、性能、外观、包装、客户评价和竞争对手的情况等；三是需要根据属性定位地图；四是做出正确的竞争优势选择，制定一个合适的定位策略。

市场细分理论作为市场营销理论，已经非常成熟。它意味着企业在细分市场中要做好自己的市场定位，需要选定自己的目标人群和市场，并提供特定的产品或服务来满足需求，从而开拓市场。市场就像战场，瞬息万变，竞争激烈，如何在巨大的市场中脱颖而出才是重中之重。

（三）营销组合理论

营销组合的概念在1953年由营销专家尼尔·博登（Neil Borden）提出，他认为营销组合是指企业为了取得利润，在组织市场活动过程中，有计划有进度地对于各营销可控因素展开综合运用的一种营销方案。

1. 4P营销理论

美国著名营销专家麦卡锡于1960年首次提出以产品（Product）、价格（Price）、渠道（Place）、促销（Promotion）为四大类可控因素的营销策略组合。1967年，菲利普·科特勒在其著作中进一步肯定4P的科学性，大大促进了该营销组合理论的运用和推广。在4P模型中，产品被认为是基础，只有明晰消费者需要什么样的产品才能开展接下来的营销活动。企业还需要运用科学的定价技巧，通过关注商品的价格波动来实施价格策略，这是保障企业获得合理利润的重要因素。渠道是指供应链上的各环节，企业需要做到保持渠道的灵活和通达才能应对市场的瞬息变化。促销是指将产品信息更大程度地推给消费者，激发潜在消费力，赢得市场知名度。

随着营销学的不断发展，继4P营销理论之后又涌现了更多的因素。例如，1981年提出的7P营销理论中，新增的3个服务性可控因素为人（People）、物质环境（Physical Evidence）以及流程（Process）。这体现了营销领域对于服务重要性的认识。1986年，菲利普·科特勒通过潜心研究又以政治权利（Policy Power）、公共关系（Public Relation）两大新的可控因素完善4P营销理论，从而形成6P营销理论；随着研究持续不断地进行，他又将探查（Probing）、划分（Partitioning）、优先（Prioritizing）、定位（Positioning）作为新的补充，形成了10P营销组合理论。

作为营销理论的基本框架，4P营销理论更加适合生产型企业，因为这类企业更加适合从源头抓住市场营销的基本要素。但随着当代网络营销的兴起，以消费者需求为导向的营销方式被越来越多的企业所重视，而4P营销理论存在忽视外部环境的缺陷，不利于市场机会的把握。

2. 4C 营销理论

美国营销学家罗伯特·劳特朋（Robert Lauteerborn）于 20 世纪 90 年代初提出了 4C 营销理论，从消费者需求出发，制定出顾客（Customer）、成本（Cost）、便利性（Convenience）和沟通（Communication）四大营销要素，为现在营销策略的研究提供了新的思路。

该组合侧重顾客的感受，提升了消费者对于企业的好感度和信任度，使得企业和消费者的连接更加紧密，使得企业的营销活动取得了更强的互动性和市场冲击力。但是该理论忽略了企业的成本，因此存在一定的缺陷。在实际运用过程中，企业在提出营销策略时可结合 4P 营销理论对于企业成本的控制进行完善。

3. 4V 营销理论

2001 年，中南大学商学院教授吴金明按照社会营销的思路从消费者的情感需求出发提出以功能化（Versatility）、差异化（Variation）、共鸣（Vibration）和附加价值（Value）为四大要素的 4V 营销理论，该理论对于产品和服务的柔性提出了更高的要求，以利润最大化为需求。但是 4V 营销理论过度追求消费者之间的区别，崇尚独特和个性，具体到营销实施环节难以执行，还是需要配合其他理论的细化要素。

4. 4R 营销理论

在 4C 营销理论的基础上有学者提出了以反应（Reaction）、关联（Relevancy）、关系（Relationship）和回报（Reward）为四大要素的 4R 营销理论。该理论关注关系营销，认为企业与顾客是一个命运共同体，重视企业和顾客的协同与互利，着眼于建立长久的顾客忠诚度。4R 营销理论的缺点在于过度关注与顾客的关系，然而对于实力不足的企业，面对瞬息万变的市场，客户关系的维护存在不确定性，因此还需要配合风险控制来作为补充。

第三节 跨境电商的发展优势

国内外政治经济形势变化等促使传统贸易向跨境电商转型，加之中国完整的供应链基础优势，促使行业规模和市场不断扩大。中国本土电商的发展也构建了比较成熟的电商生态；行业内的一些头部企业开始逐步利用自身资本和资源等优势主动转型向行业赋能。在快速发展进程中，跨境电商呈现出如下发展优势。

一、跨境电商的物流优势

（一）我国跨境电商物流发展优势

在经济全球化的浪潮下，互联网技术的发展日新月异，跨境电商交易规模呈逐年上升趋势，占进出口贸易总额的比例逐渐增大，而跨境电商物流又是跨境电商发展的重要支撑，因此我国跨境电商的快速发展驱动着跨境电商物流市场持续增长，而跨境电商物流是依据跨境电商衍生出来的新型行业，不具备成熟的运作模式，没有强大的物流系统与跨境电商相匹配，这已成为跨境电商发展的重要痛点之一。

我国政府出台了多项政策推动跨境电商物流的建设，众多信息技术也被广泛应用于跨境物流行业，跨境电商物流行业万亿市场规模也在不断扩大。

1. 跨境物流规模持续增长

目前，跨境电商物流费用在整个跨境电商成本中占到了20%～30%，比重较高。相关数据表明，2019年我国跨境电商物流市场规模约为21000亿元。同时其规模近几年来稳步上升，年平均增长率达到18.09%。

2. 跨境电商物流相关政策不断完善

近年来，国家十分重视跨境物流行业的发展，政府工作报告、国务院常务会议以及商务部、国家邮政局、海关总署等多次出台相关政策文件，鼓励跨境电商企业和跨境寄递服务企业在境外建立海外仓，出台了一系列政策推动我国跨境电商物流的建设，相关政策汇总如表1-1所示。

表1-1 中国跨境电商物流行业相关政策汇总

时间	发布部门	名称	主要内容
2021年8月	商务部等9部门	《商贸物流高质量发展专项行动计划（2021—2025年）》	提升国际物流效率，畅通国际物流通道，推进跨境通关便利化，充分发挥商贸物流连接境内外市场的作用。支持和鼓励符合条件的商贸企业、物流企业通过兼并重组、上市融资、联盟合作等方式优化整合资源、扩大业务规模、开展技术创新和商业模式创新

续表

时间	发布部门	名称	主要内容
2020年11月	党的十九届五中全会	《中共中央关于制定国民经济和社会发展第十四个五年规划和二〇三五年远景目标的建议》	在加快发展现代服务业中提到"加快发展现代物流";在统筹推进基础设施建设中提到"加快建设交通强国,完善综合运输大通道、综合交通枢纽和物流网络"
2019年7月	国务院常务会议	/	鼓励搭建服务跨境电商的平台,建立物流等服务体系,支持建设和完善海外仓,扩大覆盖面
2019年3月	国家邮政局、商务部、海关总署	《关于促进跨境电子商务寄递服务高质量发展的若干意见(暂行)》	支持建立跨境寄递服务企业信用体系,加快完善跨境寄递服务体系
2018年1月	全国邮政管理工作会议	/	支持有条件的企业在海外建仓并鼓励共建共享,提高我国快递品牌的世界竞争力

环境的复杂性和技术的不断突破使得跨境物流的演进既面临着前所未有的风险和压力,又迎接着越来越多的机会和发展空间。随着各项政策的推动和落实以及技术水平的逐步提升,跨境电商物流逐步向着规范化、专业化、数字化的趋势迈进,具体如表1-2所示。

表1-2 跨境电商物流发展趋势

发展项目	发展趋势
行业规范化发展	2019年1月1日起我国正式实施《中华人民共和国电商法》,市场环境将在法律约束下进一步规范,跨境电商物流行业将逐渐成熟、稳定、合规化
服务水平不断提升	跨境电商物流需求量不断增长以及用户需求的多样化都促使行业运营水平进一步提升,该行业正朝着专业化、订制化的高水平方向发展
数字信息化程度提高	我国境内的物流技术已实现一定程度的信息化、数字化和数据业务化,未来也将带动大数据、区块链、云计算等新型技术在跨境电商物流行业深度应用

（二）我国跨境电商支付发展优势

随着经济全球化的程度不断加深，各经济主体间的贸易也更加频繁，资金的跨国流动性愈来愈强，跨境支付行业也迎来了增长的黄金期。但由于土地、人力、资本、技术等发展要素的成本不断上升，传统的进出口贸易增速放缓，跨境产业的结构正在发生转移，传统跨境贸易的市场占比正逐渐缩小，取而代之的是跨境电商、出国留学、旅行消费等新兴跨境市场的逆势增长。研究数据显示，2020年我国跨境电商进出口1.69万亿元，增长了31.1%，其中出口1.12万亿元，增长40.1%，进口0.57万亿元，增长了16.5%。跨境电商监管创新成果从B2C推广到B2B领域，并配套便利通关措施。2021年，中国跨境电商市场规模14.2万亿元，较2020年的12.5万亿元同比增长13.6%。中国的第三方跨境支付市场大致经历了探索期、市场启动期、高速发展期三大阶段。

由于跨境交易的资金转移涉及国家外汇稳定和金融安全，因此跨境支付行业也存在合规壁垒、技术壁垒、资金壁垒等诸多限制。合规壁垒要求开展跨境支付业务的企业必须持有运营业务所在国家的相关支付牌照，并充分了解涉及运营业务的国家关于资金跨境流动的金融法规。在中国，经营跨境外汇支付业务的企业必须取得中国人民银行颁发的含有"互联网支付业务"的《支付业务许可证》并向国家外汇管理局申请"贸易外汇收支企业名录"登记。对于支付企业而言，技术要求也是合规要求的一个部分，支付系统必须能够支撑业务的全球拓展，并在风险防控方面能够有效预防资金沉淀，有效识别洗钱活动，甚至能够完成维护国家安全的反恐任务。要想取得跨境支付牌照必须满足企业最低注册资本一亿元的要求，高昂的资金设定，使得支付行业存在门槛准入效应。

中国第三方跨境支付市场已经经历了由跨境支付1.0到跨境支付4.0的发展过程，各阶段的发展各有特点且不断演化。

进入跨境支付4.0时代，能否为用户提供差异化服务，能否强化增值服务、进一步凸显品牌效益决定了第三方支付机构在构跨境支付业务领域能否获得先机。在经历了前期的市场培育阶段后，第三方支付机构的发展战略由最初的价格战转向为客户和行业打造专属的解决方案，在实现规模经济的基础上对不同用户提供差异化服务。

从市场前景来看，传统的跨境贸易由于存在资金积压、风控薄弱等劣势，正在被方便、快捷、以在线交易为核心的跨境电子商务零售及小额批发业务所取代。第三方跨境支付依托大数据、人工智能、云计算等现代科技手段，更能满足小额B2B贸易的支付要求，发展潜力巨大。中小企业占据了整个跨境电商市场中的大部分份额，中小企业正逐渐成为跨境贸易的生力军，因而第三方跨境支付机构将目标瞄向了逐渐蓬勃发展的中小企业。选择服务中小企业也是第三方跨境支付机构与商业银行错位竞争的战略选择。

从技术前景来看，第三方跨境支付方式虽然较之传统的跨境贸易支付方式更加便捷、快速，但仍然存在结算效率低、安全系数不高等诸多行业痛点，因此，将区块链技术应用到第三方跨境支付业务中是当前行业发展的必然趋势。区块链具有去中心化、数据透明、不可篡改等特点，显示出与跨境支付行业高度的衔接性。去中心化有利于保证交易信息的公开性和透明性，能够有效解决因信息不对称所造成的信息失真问题，从而进一步降低支付风险。同时去中心化能够实现交易的快速处理，减少整个交易过程中的沉淀资金，从而提高资金的流动性。区块链技术具有分布式记账的核心特征，将其应用到支付领域有利于真实记录每一单交易信息及其相关信息，从而有助于跨境支付机构建立独立的信用体系，解决授信问题。

（三）我国跨境电商海关监管发展优势

1. 海关监管相关法律的完善

《中华人民共和国电子商务法》对电子商务经营者从事跨境电商有专门的规定，如明确指出，国家进出口管理部门有必要针对跨境电商海关申报、检验检疫以及纳税等多个环节建立全面的综合监管服务体系。这体现了国家对于跨境电商海关监管的重视和支持。

商务部、国税总局、发改委联合海关总署等6个部门正式颁布的《关于完善跨境电子商务零售进口监管有关工作的通知》中指出，针对跨境电商进口商品，根据个人自用进境物品进行管理，不需要满足首次进口许可批件、注册或者备案要求。

多年实践证明，国家对跨境电商的监管越来越完善，而且形成了较为完善的制度，特别是跨境电子商务相关政策陆续出台，比如，海关总署颁布的《关于跨境电子商务零售进出口商品有关监管事宜的公告》，财政部、国税总局以及海关总署联合颁布的《关于完善跨境电子商务零售进口税收政策的通知》，如此多的相关政策的颁布，使得电商平台、支付企业、电商企业基本上都有据可循。

2. "集中监管、清单核放、汇总申报、平台管理"的海关监管模式

第一，科学的监管框架。科学的监管体系需要合理的机构设置和人员配置。

一个单位要想顺畅运转需要部门科室之间协调配合，如果一个单位的部门之间职能重叠，且权责不清，则会极大地影响工作效率，也不利于民众办理各项业务。"人员少、任务重"也已成为当下各基层单位面临的一大难题，不少基层都面临"人少事多"的困局，而机关部门则容易出现"人多事少"的现象，同时，上级部门还会不断从基层抽调年轻人去机关部门锻炼，导致基层工作人员越来越少、事多且杂。所以科学的监管体系应该以"精简、高效"为出发点，因地制宜地设置机构和配置人员，为优化海关监管提供组织基础。

第二，完善的监管流程。监管流程设置的复杂、不合理可能导致多头指挥，对同一流程反复操作，影响通关效率。海关总署对跨境电商采取了"一突出"（突出电商企业主体）、"二清单"（出口和进口清单管理）、"三集中"（集中申报、集中查验、集中放行）、"四确保"（进得来、出得去、管得住、放得快）的监管模式，确保作业环节更为合理便捷。合理的监管流程，使得电子商务企业、跨境消费者的通关通检效率大大提高。

第三，合适的监管技术。除了打击走私犯罪及不断健全完善法律法规外，当务之急在于创新监管手段。区块链技术的应用为推动跨境电商监管的智能化、自动化、精准化，减轻数据获取、比对工作量，全面提升工作效能，推动信息共享和联合监管，提供了一条可行之路。

二、跨境电商的模式优势

（一）跨境电商线上线下融合发展

跨境电商作为一种新型交易模式，它的出现是对传统外贸业务的一次挑战。一方面，各国政府高度关注跨境电商，出台新的政策鼓励这种新型外贸模式的发展；而另外一方面，为了维护市场公平性还需要照顾到传统贸易，使二者公平竞争，良性循环。

第一，跨境电商线上线下融合，全渠道模式越来越受欢迎。随着跨境电商用户购物需求的演化和对消费体验要求的提高，跨境电商企业提供的服务标准也越来越高。跨境电商企业要为用户提供智能化、一体化的消费体验，因此未来跨境电商产业链融合将继续加深。跨境电商融合期，企业的竞争已从产业链下游的销售转移到整个供应链效率的提升。跨境电商在全球范围内快速发展，因此企业要想在国际市场竞争中保持核心竞争优势，就必须整合全球资源，建立跨境电商全渠道供应模式。

第二，建立跨境电商侵权假冒商品追溯制。加强立法，加大打击假冒产品的力度，政府有关部门有责任有义务加强行政监管，创建良性交易环境。具体来说，可以通过事前风险防范、预警监测以及监督抽查等方式，严格追究电商交易中的违法行为。未来政企合作可能是电商尤其是跨境电商的一种模式，政府与平台合作打击跨境电商违法操作，从而真正实现数据互通。

第三，建立在线纠纷解决机制。消费者权益受到损害后，往往因存在着高额法律诉讼费而忍气吞声。电商平台在处理纠纷中主要以调解为主，缺少法律文件的支撑导致处理效果难以让消费者信服。国际组织或者是当地政府应承担起建立纠纷解决机制的职责。当前国际消费者组织、经合组织以及国际商会等在非诉讼争议解决问题上做了许多工作，在线纠纷解决机制中的公正性、便捷性等对于提高消费者信心意义重大。2016年1月9日欧洲委员会发布了一个用于消费者在电子商务交易中维权的平台，并且消费者不需要支付高额的法律费用，这一模式后来也得到了各国的效仿。

第四，税制公平。低廉的价格是影响电子商务发展的重要因素。通过分析跨境电商交易的特点不难发现，网购产品税收征管漏洞以及供应链缩短是造成跨境电商产品价格低的主要原因。征收漏洞将造成商品进口国大量税收的流失，同时也不利于市场的公平竞争。为了确保跨境网络零售的健康发展，预计在未来国际贸易多边谈判中如何制定低值货物的免税门槛将成为一个重要问题。

（二）自有品牌的创建与发展

在当前传统经营体系的影响之下，我国的外贸公司使用电商方式的最初目标仅仅是发展整体的营销渠道。较为多见的方案即公司注册多个电商平台，同时持续进行平台的更换，以此来增加自身的客户群获得更为丰厚的收益。但是，跨境电商有着"双刃剑"的特征：一方面，可以为公司增加整体的销售渠道；另一方面，也会带来更多的竞争者。初期因为公司缺乏对跨境电商的系统认知，依旧以价格营销为主要的竞争方式，依靠降低价格的方法来占据市场空间，从而导致利润额显著压缩。再加上公司的规模相对较小，未能形成基本的自主品牌思想。目前的外贸体系相对较为复杂，综合生产成本不断攀升。如果公司使用"互联网+外贸"的运营模式，依旧以贴牌生产为中心，那么在网络渠道的红利彻底分割之后，显然会陷入生存的困境。所以依靠电子商务来发展自主品牌，是后续跨境电商公司发展的核心目标。公司有必要积极发展海外的商标，再度使用网络平台这一新的渠道来加强产品推介，提升整体的品牌曝光率，提升自身的知名度。而且要依靠平台中的大数据机制，精准研究消费群体的购物习惯，认知消费者的具体需求，精准定位具体的品牌以及目标，优化整体的线下服务机制，进一步提升公司的经济效益。"互联网+"对于多个行业都构成了显著的冲击。外贸体系中的"普惠贸易"已正式来临。目前跨境电商尽管依旧有着多方面的负面因素，但是各个国家也在通过多方面的合作来实现负面因素的消除。伴随着政府不断优化电商体系的通关服务，加速推进配套的"单一窗口"平台构建工作，货物监管以及外汇体系等都实现了显著的发展。依托于相关优惠政策提供的可靠保障，跨境电商未来可以实现更为平稳快速的发展。而平台与制造型公司作为其中的核心力量，在未来的发展中需要从长期的视角考虑问题，不能仅依赖政策红利生存与盈利，有必要积极应对当前发展体系的各种尖锐矛盾，诸如知识产权、服务水平以及品牌塑造等。

（三）"新国货"品牌模式向海外复制驶入快车道

从国内来看，得益于我国网络零售市场的发展和新一代信息技术的应用，已经有一批高品质高颜值的"新国货"品牌快速崛起，逐步形成了"品牌电商化"的发展模式。以李子柒、花西子等品牌为代表，正在加速向海外复制，为更多中国品牌出海提供了良好示范，也带动越来越多的"新国货"借力跨境电商，走上了"国内打造+海外复制"的品牌出海之路。从国际来看，疫情导致全球经济衰退，海外很多国家会迅速地进入消费分级的阶段，不同的消费群体对于新产品、新供给、新品牌的需求将有一个井喷式爆发增长。同时，中国的供给在全球结构性市场中的地位将进一步加强，国货出海将迎来重要的窗口期。

三、跨境电商的技术环境优势

近几年，云计算、大数据、人工智能、区块链等数字化技术的迅猛发展，促进了跨国贸易的迅速迭代和革新，还催生了跨境电商服务新领域，如跨境支付服务、海外仓服务、跨境电商语言服务、跨境数据服务等。互联网的发展，导致各领域中小外贸企业遭受巨大冲击，但同时也加速了中国外贸数字化转型的进程，激发了企业对跨境电商数字化服务的需求。此外，民营企业是中国最大的出口主体，而在民营企业中，绝大多数都是中小企业，基于传统经营模式的中小外贸企业，整体数字化程度低，其经营短板正是跨境电商数字化服务的发力点，这将为跨境电商数字化升级服务市场提供极大的空间。

四、跨境电商的政策优势

近年来,跨境电商 B2B 领域利好政策频出,跨境电商综试区扩至 165 个,自第三批综试区创建以来,国务院明确要求综试区建设要着力在跨境电商 B2B 相关环节的技术标准、业务流程、监管模式和信息化建设等方面探索创新,加大政策扶持力度。此外,海关总署还制定了针对 B2B 跨境电子商务的特别监管机制和配套的通关便利措施,实质性促进 B2B 模式的健康发展。在市场层面,跨境电商相关的海关通关、跨境物流、海外仓、支付结算、代运营、海外营销、人才培训等专业服务也快速发展,跨境电商服务生态日趋完善,跨境电商 B2B 模式将迎来新的发展机遇。

《中华人民共和国电子商务法》及其他相关政策的出台规范了行业市场,提升了全行业的标准,有利于规范跨境电商市场营商环境,推动市场良性竞争。从宏观的层面来看,跨境电商出口拥有国家政策倾斜。互联网的发展,极大地促进了海外电商渗透率的提升,也极大地推动了海外消费者线上购物习惯的养成。

第二章 跨境电商的发展历程及现状

跨境电商健康高效发展是中国对外贸易转变和提高的一项重大策略，是我国新时期传统外贸企业交易与全球互联网接轨的一项巨大的推动力，也是中国从传统对外贸易强国向现代对外贸易强国全面转变的一条新途径。分析跨境电商的现状与面临的瓶颈对中国跨境电商的经营发展有着重要意义。本章分为跨境电商的产生与发展、跨境电商的现状、跨境电商面临的瓶颈三部分。

第一节 跨境电商的产生与发展

我国跨境电商的发展大致可以分为萌芽期、成长期、发展期、成熟期，到如今，跨境电商已经初具规模，形成了完善的产业体系。

一、萌芽期——信息服务阶段

20世纪末，互联网通信技术产生，随后迅速发展，引发了一场互联网热潮，跨境电商在此背景下产生，深刻改变了人们的生活方式和国际贸易活动。1999年至2003年被称为跨境电商的萌芽期。1999年跨境电商还处于试验阶段，跨境电商的发展模式主要是网页广告，交易仍然主要集中在线下。1999年阿里巴巴国际站成立，该平台的成立，标志着中国在跨境电商领域开始显露头角，传统的国际贸易和新兴的互联网技术首次实现了结合。但在这一时期，跨境电商平台只提供黄页服务，交易双方通过黄页服务获得所需信息，进行线下交易。萌芽阶段，跨境电商发展模式为中小企业广告形式，将消费者引流至线下进行交易，核心环节仍集中在线下。这一阶段具有影响的公司包括环球资讯、阿里巴巴等公司。跨境电商萌芽期以网上展示、线下交易的外贸信息服务模式为主，第三方平台主要的功能是为企业信息以及产品提供网络展示平台。此后，随着国家电子政务的发展、电子商务领域的发展以及互联网技术的发展，跨境电子商务的应用越来越广泛。

我国跨境电商在创建之初就是单纯地为传统的对外贸易企业提供信息服务。信息服务模式是指构建一个服务平台，在平台内通过汇集交易双方对商品的需求和供给的信息，使得供应商和顾客可以在平台内进行直接交易。但是，在交易过程中产生的营运资金和物流配送等问题都由交易双方自己解决，平台只在信息服务中发挥作用，这个商业模式下跨境电商贸易平台获取利润的方式为向交易双方收取提前约定好的一定比例的服务费，是收取佣金费用和展示费用的盈利模式。阿里巴巴就是这一模式中最具代表性的企业之一。

阿里巴巴最初的业务只是专注于电话黄页的推广，随后一段时间的发展也是按照这一业务继续进行，此时商业模式的特点为交易信息不断地细化分类，便于搜索。沿用原本的商业模式虽然可以将原本的商业模式发挥到极致，但还是摆脱不了跨境电商仅仅是一个电子商务信息集聚地的限制，只是停留在信息流的层面。阿里巴巴抓住了中国政策红利开始发展，然而作为平台自己本身仅仅作为一个中介的角色并不参与交易，这使得阿里巴巴无法在当前的商业模式下继续快速发展，直到阿里巴巴支付宝的横空出世，才彻底地实现了跨境电商参与线上交易的模式。当时由于跨境电商平台的特殊性和风险性，平台内搜索引擎的标准化和专业化还没有实现以及在平台内进行交易的银行风险较大，所以在当时的条件下无法在平台进行在线交易。阿里巴巴旗下的"淘宝网"另辟蹊径，将平台内交易所使用的资金采用电子货币的形式，实现了平台线上交易，改变了以往跨境电商平台仅仅只提供信息服务的模式，打破固有的商业模式进行创新改革，使得平台在原来基础上实现了飞跃式发展。

二、成长期——在线交易阶段

2004年至2012年是跨境电商的成长期。2004年，敦煌网成立，线上交易产生，跨境电商平台开始逐渐从萌芽期的信息撮合过渡到成长期的线上交易。这一时期跨境电商尚处于成长期，商业模式还不完善，产业链上的各角色分工还不够明确，行业还有待沉淀。跨境电商成长期基本面搭建完成，将线下交易、支付、物流等流程实现电子化，跨境电商全流程电子化得以实现。B2B模式为这一阶段跨境电商的主流模式。代表企业有全球速卖通、敦煌网等。如何构建适合中国跨境电商平台的国际贸易模式，成为成长期跨境电商企业的重要课题。

在线交易平台模式与以往传统的线下交易流程不同，资金支付和物流配送等过程都可以在线上实现。在平台不断完善的过程中，省去了很多的中间商和不必要的交易流程，缩短了消费者和供应商之间的交易链，从而提升了平台企业的利润水平。在线交易平台模式下有多种盈利方案可供选择，并且也提供个性化推荐等附加的服务，大大完善了平台的服务内容。

  从商业主体的角度进行划分，平台的商业模式可以大致分为两类，即自营类模式和第三方平台模式。自营类模式是建立属于自己的网站，消费者通过在网站上浏览商品的文字和图片介绍，挑选自己满意的商品，并完成自助下单，采用在线支付的方式使资金流向企业。考拉海购就是这一模式的典型代表，通过与第三方物流合作的方式将商品配送给顾客。自营类模式的跨境电商平台自主进货，因此对货物的来源比较有把握，同时平台在交易过程中的功能会不太突出，货物在采购完成后会先存储在保税仓内，当接受订单后可以及时在保税仓内进行发货，提高了物流效率，也会用较低的采购价格和售出价格来提升消费者的购物体验。作为典型的第三方平台模式的全球速卖通，可以对国际市场需求做出迅速反应，平台主要提供企业与企业之间、企业与消费者之间的商品交易服务。但是随着越来越多跨境电商企业的兴起，商品和服务的同质化现象严重，平台间的竞争日渐加剧，导致跨境电商平台内商品的价格越来越低，能够取得的利润也越来越少。再加上当时人民币的贬值和国际汇率波动严重，对跨境电商平台的经营状况也产生了不小的影响。同时在国际贸易中，我国很多的跨境电商平台由于缺乏知识产权的意识，在运营过程中缺乏运营资质。全球速卖通平台仅在2012年就注销了几百个在线账号，消费者的物质需求在不断增加，但卖家数量一直减少，这无疑说明仅靠在线交易平台这种单一的商业模式，跨境电商平台的运营将会受阻。

  2012年8月，郑州、杭州、重庆、上海、宁波成为我国第一批保税进口试点城市，标志着我国跨境电商零售进口步入政策规划新阶段。国内消费者购买境外商品，最开始是通过留学生、空服人员等途径的个人代购，受众面小，发展缓慢。随着电子商务的发展，海淘开始兴起，海淘网站替代了个人代购者的角色，使国内消费者的海外购物变得更方便。但此时的海淘行业在国家层面缺乏系统、有针对性的税收和监管制度，处于灰色产业链的状态，进口商品质量和贸易安全难以得到保障。在此背景下，我国于2012年开放了第一批保税进口试点城市，宣告我国开始探索跨境电商零售进口的合法合规新模式。这一阶段，我国针对跨境电商零售进口的政策文件，重点涉及保税进口试点工作、通关监管、保税进口模式规范等方面。在此之前，2011年3月7日，国家发展改革委联合商务部发布了《关于开展国家电子商务示范城市创建工作的指导意见》，明确了创建电子商务示范城市的指导思想、基本原则、总体目标和主要任务，阐述了创建电子商务示范城市的重要意义，认为创建国家电子商务示范城市是促进电子商务健康快速发展的新途径。针对"保税进口"模式，为了保证跨境电商零售进口试点工作的顺利进行，统一管理要求和验放标准，海关总署在2014—2015年间多次出台文件进行保税进口模式规范。其后，海关总署针对跨境电商的"直邮进口"和"保税进口"两种业务模式，在2014年先后增列了海关监管方式代码"9610"和"1210"，其中，"保税进口1210"仅允许在批准开展跨境电商零售进口试点工作的城市展开。与此同时，海关在2014年7月23日发布的《关于跨境贸易电子商务进出境货物、物品有关监管事宜的公告》，明确了跨境电商从业者需向海关提供交易、支付、物流等信息，在"三单核验"的基础上，海关采取"清单核放、汇总申报"方式办理跨境电商零售进口商品的报关手续。跨境电商企业与海关系统的互联互通，可以有效解决跨境电商零售进口的结汇和退税问题。此公告也被视为跨境电商在政策执行层面上合法化的标志性文件。在此阶段，我国针对跨境电商零售进口出台的政策文件出于探索目的，将跨境电商保税进口率先在经济发达的地区展开试点，通过试点工作逐步总结经验，为跨境电商零售进口政策发展提供实践支持。"三单核验""清单核放、汇总申报"等标准的确立，也为海关在进口商品的通关监管上提供了政策指引。

三、发展期——创新改革阶段

2013年至2017年为跨境电商的发展期。2013年跨境电商正式走入大众视野，这段时间国内企业看到跨境电商的后劲，纷纷入局。产业链逐渐分化出各类支持角色，跨境电商生态迅速完善。B端企业在此阶段呈现出线上线下全产业链快速扩张，产业生态初步成型，产业链上各增值服务提供商不断分化等特点。移动端用户井喷式增长，供应商纷纷转到线上，网购用户也出现大规模增长，B2B平台纷纷建设适应移动端的产品系统。跨境电商在线交易量在整个电商市场中占有绝对优势，在线交易量增加，跨境电商的发展速度也随之加快。跨境电商发展期服务全面升级，平台承载能力更强，全产业链服务实现在线化。大型平台不断涌现，B2C平台占比提升。移动端发展迅猛。此阶段的代表性企业有天猫国际、蜜芽等。

2013年也被称为跨境电商元年。2015年，阿里巴巴国际站保信业务的推出，标志着中国跨境电商实现了全面的线上转型。随着居民收入水平不断提高，国内消费者对进口商品的需求持续增长，跨境电商实现了跨越式发展。为引导跨境电商零售进口健康发展，促使电商从业者坚守道德底线，保护进口行业之间的贸易公平，自 2016 年 4 月起，国家政府部门出台了一系列文件，对跨境电商零售进口税收和监管方面的有关事项做出了重大调整，被称为"四八新政"。从 2016 年的"四八新政"，到两次延长过渡期至 2018 年底的政策阶段是跨境电商零售进口政策的创新改革阶段。"四八新政"于跨境电商零售进口而言，是一次很好的政策尝试。从积极的层面来看，跨境电商税收制度的调整，一来可以避免国家税款流失，缩小跨境电商零售进口商品与一般进口贸易货物的价格差距，促进贸易公平；二来对跨境电商行业的供给侧结构性改革有着正向积极的作用，实力雄厚的跨境电商将进一步改善服务方向，提高经营效率，引领行业向规模化、规范化的方向发展。但"四八新政"推行的跨境电商综合税，相比先前的行邮税而言，税负有所加重，致使跨境电商企业的利润受到损失；突如其来的通关单政策相当于把一般贸易的检验检疫要求加到了跨境电商零售进口上，使进口商品的通关效率大打折扣；再加上"四八新政"缺少前期市场调研，设置的政策缓冲期较短，市场短时接受能力有限，使得"四八新政"对跨境电商零售进口市场造成了较大冲击，跨境电商订单大幅下滑。为此，国务院在 2016 年 5 月 24 日批准设立为期一年的跨境零售进口监管过渡期，并在 2016 年 11 月和 2017 年 9 月两次批准延长监管过渡期，对于保税进口商品"一线"进区和直邮进口商品通关暂不执行首次进口许可批件、注册或备案要求，跨境电商零售进口监管过渡期最终被延长至 2018 年底。这一阶段我国针对跨境电商零售进口政策的主要文件及内容，主要涉及试点工作、税收制度、正面清单、交易限额、通关监管等方面。

四、成熟期——全面发展阶段

2018 年至今为跨境电商的成熟期。2018 年以来，跨境电商逐步进入跨境电商多种模式融合发展时期。2018 年，《中华人民共和国电子商务法》正式通过，对跨境电商等电商平台进行法律监督和指导，促进行业走向程式化、规范化。另外，各地政府也在加大跨境电商综试区的建设力度。在其稳步发展过程中，跨境电商行业界普遍认为，跨境电商在全球范围内发展态势良好。2015 年以来，国务院分五批共建设了 105 个跨境电商综合试验区。2018 以来，新增 3 个综合保税区，共92个综合保税区。在成熟期阶段，跨境电商在中国经济新常态背景下的发展态势良好。大型跨境电商开始整合供应链，同时跨境电商供应链各环节趋于融合。精细化运营成为主流，新零售、直播营销等创新模式持续渗透。此阶段的代表性企业有考拉海购、洋码头等。

在此阶段，跨境电商的商家入驻门槛和要求并不是很高，管理起来非常有难度，无法在现有的商业模式中取得进一步的发展。上一阶段的商业模式大多是一些中小型商家与消费者之间进行交易的模式，还没有建立起大型的工厂企业与平台和商户间的跨境交易。在这一阶段，要求跨境电商的商业模式进行更深层次的改革，策略主要体现在去除交易中间环节、大型企业和工厂线上合作等。

在发展过程中出现了很多适合不同类型跨境电商平台的创新型商业模式，如本土运营与海外仓储结合的商业模式、"境外直邮+"的商业模式以及"B2B2C"模式。本土运营与海外仓储结合的商业模式，利用大数据分析和云计算技术可以对在境外建立的货物储存仓库的存储和配送状态进行实时的动态监管，可以解决本土跨境电商与仓储方和配送方之间信息不对称所导致的问题，在接收消费者的订单后可以及时进行配货发送，缩短了物流周期，提高了配送效率，也可以减少货物的储存量，降低跨境电商的经营成本。"境外直邮+"的商业模式是一种由海外的供货地直接发货到消费者终端的模式，没有中间节点，发货效率更高。保税仓补货也可以解决传统的境外直邮模式下的商品在配送过程中物流速度慢这一问题。"B2B2C"模式中的"B"分别代表供应商和跨境电商，"C"是消费终端。这种商业模式下，供应链更为一体化，将各类资源进行整合，为跨境电商平台的发展提供绿色通道。对于刚起步的跨境电商平台，其自身实力不足时可以依托境外公司实现品牌化经营，也可以借助境外有一些知名度的公司已有的支付平台和物流配送服务进行战略合作，这一商业模式需要与境外公司有更深层次的协作关系。

在全面发展阶段，平台原有商户群体由小规模逐渐向工厂和大型的外贸公司发展。在交易中尽可能地去除中间环节，由商家或工厂直接提供具有一手货源的产品。"名客来"跨境电商平台自上线以来，在不到一个月的时间内，浪潮、中国重汽等大型企业纷纷入驻，入驻企业超三千家，并且此商业模式也更加强调产业链的配套升级和扩大生产线。在当前市场环境和国内新政的背景下，如何整合资源适应新政，实现创新发展是各平台将要面临的挑战和考验，跨境电商平台应以创造性的经营思路、新的商业模式迎接新的挑战。

2016年"四八新政"发布前，跨境电商零售进口行业门槛低，监管政策不完善，市场上涌现出一大批跨境电商企业，进口商品质量和服务水平良莠不齐，跨境电商行业呈现低质量高速发展态势。"四八新政"的出台，对跨境电商行业的洗牌可谓是"快、准、狠"，考虑到市场对于新政策的接纳需要一定的缓冲时间，国家政府部门两次延长监管过渡期至2018年底。在监管过渡期结束前夕，我国政府部门出台了一批针对跨境电商零售进口的规范性文件，于2019年1月1日生效，由此至2021年3月我国进一步放开保税进口试点城市之前是跨境电商零售进口政策的规范完善阶段。在此阶段，2019年主要针对"四八新政"的内容做了进一步的规范和完善。交易限额的增加，表明了我国居民消费能力的增强以及国家希望通过政策调整带动跨境电商零售进口的中高端消费。正面清单的扩充，有利于丰富市场供给，扩大了消费者对进口商品的可选择范围，能够更好地满足消费者的需求，激发进口市场活力，带动消费回流，也必将带动跨境电商零售进口市场规模的扩大。2021年3月18日，经国务院批准，商务部、发展改革委等六部门联合印发了《关于扩大跨境电商零售进口试点、严格落实监管要求的通知》，进一步扩大了跨境电商零售进口试点范围，这也成为我国跨境电商零售进口行业进入全面发展阶段的标志性文件。这一阶段我国针对跨境电商零售进口政策的主要文件及内容，重点涉及试点工作、正面清单、退货中心仓等方面。2021年3月的"试点大扩容"说明我国前期对跨境电商零售进口的政策探索已取得初步成效，保税进口1210模式宣告成功。据统计，截至2022年3月，我国已有21个自贸试验区、132个跨境电商综合试验区、147个综合保税区、10个进口贸易促进创新示范区和94个保税物流中心（B型），至此跨境电商零售进口试点范围已经覆盖国内所有省（自治区、直辖市），形成了陆海内外联动、东西双向互济的发展格局。全面扩大试点可以带动更多城市和地区开展跨境电商零售进口业务，有利于进一步释放国内居民的进口消费潜力，促使消费回流，推动国内相关产业转型升级，也表明了我国积极扩大进口、努力构建新发展格局的决心。2022年2月，财政部发布《关于调整跨境电子商务零售进口商品清单的公告》，在2019年版本正面清单的基础上做了一些调整：增加了29项近年来消费需求旺盛的商品，并根据我国税则税目变化情况和监管要求的变化，调整了部分商品的税则号列和备注。优化跨境电商零售进口商品清单，有利于提升电商平台的商品丰富度，进一步释放居民的进口消费潜力，促使跨境电商零售进口市场规模进一步扩大。针对"保税进口1210"模式，海关总署于 2021 年 9 月决定全面推广"跨境电子商务零售进口退货中心仓模式"。退货中心仓模式是指跨境电商企业在海关特殊监管区域内设置进口商品退货专用储存地点,待分拣后,将符合退货要求的商品向海关提报申请退货,不符合要求的商品复运出海关特殊监管区域进行相应处置。应注意,设置退货中心仓的跨境电商企业的海关信用等级不得是失信企业。经过不断探索,我国跨境电商零售进口的监管体系已初步成型:以"个人自用进境物品"为监管原则、以正面清单为品类限制、以交易限额和跨境电商综合税为税收准则、以"三单核验"和"清单核放"为清关方式、以退货中心仓为保税进口退货模式。至此,我国各级政府部门对跨境电商零售进口的监管已经基本形成闭环。

跨境电商改变了人们的生活方式和国际贸易活动,各类数字化技术也不断出现,与互联网技术不同的是,数字化强调的是联系,注重利用数据实现业务的整合,打通各部门或区域之间的壁垒,使数据可以自由流通。数字化技术可以为跨境电商企业赋能,从而有效实现资源整合和价值共创。近年来,新兴数字化技术不断涌现,如区块链等逐渐被应用到生活及贸易中的各方面,不断改变着人们的生活及生产活动。2021 年 6 月,中国工业和信息化部指出要要将区块链与互联网、大数据、人工智能等新一代信息技术深度融合,在各领域实现普遍应用,而这也为我国跨境电子商务未来的发展指明了方向。

跨境电商平台作为贸易中介,是进出口企业、消费者、监管者等所依托的中心,具有重要地位。各种数字化技术的应用,更是使平台实现了优化发展。如大数据技术的运用可以实现精准营销,可以及时发现并解决问题,有效提升了跨境电商全链路效率。跨境电商平台利用网上海量数据分析用户画像,进而为不同的消费者提供具有针对性的营销方案。此外,可以利用大数据技术建立全球智慧物流,减少物流时间,提升配送时效,从而进一步提升客户满意度。大数据技术还可以为各类市场主体提供精准化及多样化的技术支持,从而实现对进出口业务的全流程全场景监控。而区块链技术的应用可以为跨境贸易构建安全的商流、物流和信息流体系,并将存储的信息提供给交易流程涉及的各个部门,如海关、税务、商务等。各种数字化技术的应用可以有效助力跨境电商各环节的发展,提升跨境电商整体的交易效率和服务质量。

目前,中国跨境电商平台的发展依旧处于成熟期,各种技术的应用将推动其为贸易双方提供更优质的服务,进而促进对外贸易的发展。

第二节 跨境电商的现状

一、跨境电商政策支持的现状

由于中国跨境电商起步较晚，发展时间有限，因此还存在着许多问题，需要通过制定相关政策为其营造一个良好的发展环境。在这种情况下，中国政府大力支持跨境电商的发展，并多次在重要会议及文件中提到这一问题。跨境电商之所以能迅速发展，与国家的政策支持是分不开的。由于最近几年跨境电商发展迅速，国家通过政策制定来保障跨境电商的良性发展，这些政策涉及内容广泛，包含跨境电商总体发展、税收、监管、支付、综试区及试点地区等一系列内容，为中国跨境电商的发展提供了良好的外部条件和政策保障。

近年来，随着国家对跨境电商的认可度不断提升，国家的政策扶持力度也进一步增强。重点表现在：一是国家试点布局的进一步拓展；二是积极开发跨境电商的创新模式；三是大力推动商品交易便利化。

从国家相关政策角度来看，近年来，我国政府推出了一系列利好政策，大力推进跨境电商行业贸易便利化，不断扩大试点布局范围，创新跨境电商模式，促进我国跨境电商行业向好发展。在减税政策方面，财政部及国家税务总局下发文件，指出自2014年起，为解决跨境零售业务中无法便利结汇、及时退税等问题，除去国家明确不予出口退（免）税的货物外，将在全国范围内对跨境电商有关业务实行增值税及消费者的退（免）税政策。至2018年，财政部等相关部门又发布有关综试区货物税收政策的通知，指出在综试区内货物若尚未取得有效凭证，只需满足相关注册登记条件，便可试行增值税及消费者的退（免）税政策。该政策的发布进一步推动了我国跨境电商贸易的便利化发展。在2021年3月举办的第十三届全国人大四次会议上，李克强总理指出，要"加快跨境电商等新业态的发展，提升国际货运能力，推进新一轮服务贸易创新发展试点"。

在扩大中国跨境电商试验范围方面，自2015年杭州成为国内第一个跨境电商综试区以来，中国跨境电商试验依托综试区的建立，在机制创新、管理模式创新和业务创新等方面累积了大量的成功经验，形成了众多可供国内外借鉴的成熟做法，为跨境电商的高速、高质量发展做出了突出贡献。随着各个综试区的建设，我国跨境电商在制度、管理和服务方面不断创新，积累了丰富的经验。截至 2019 年 12 月，我国跨境电商综试区数量多达 59 个。2020 年 4 月，国务院确定将在国内现有 59 个跨境电商综试区的基础上再设置 46 个综试区，将跨境电商零售进口试验范围拓展至全国 86 个省市和海南全岛。在此基础上，2020 年 5 月，国务院下发进一步完善跨境电子商务统计体系的通知，提倡国内跨境电商企业在能力范围内参与海外仓的共建共享模式建设。2021 年 7 月，就外贸发展新业态有关事项，国务院办公厅下发《关于加快发展外贸新业态新模式的意见》，指出我国大力支持新技术的研发与运用，提倡外贸企业运用新技术赋能跨境电商行业新发展，进而提升传统外贸数字化发展水平，进一步支持外贸服务企业健康发展。为鼓励跨境电商企业全球化布局，我国将加大对跨境电商行业的金融支持力度，完善全球电子商务基础设施布局，支持使用人民币结算的跨境电商贸易新业态。得益于良好的跨境电商发展环境及政策环境，国内品牌纷纷走出国门。

在减免税务的政策方面，为促进跨境电商交易的便利化，根据国家有关政策扩展跨境电商直接进货商品目录范围，对跨境电商综试区的电子商务及国际零售业出口商品公司实行无票减免税的政策，并促进出口商品公司个人所得税核定缴纳。

二、跨境电商行业发展的现状

跨境电商分布遍及沿海和内陆，一、二线城市和三、四线城市，极大拉动了当地经济的发展。同时跨境电商行业形成了完善的生态支撑，自 2021 年 7 月国务院提出"实现新技术、新手段、新工具赋能跨境贸易发展"，我国不断完善跨境贸易基础设施建设，海外仓得到迅速发展，极大拓展了跨境业务辐射范围，海外仓已成为支持我国跨境电商蓬勃发展、开拓全球市场的新兴国际贸易基础设施。与此同时，一些公司还努力探索海外仓在品牌宣传、本土化运营等方面的有效应用，不断提升配送效率与服务体验，以打造本土化商品与企业形象，帮助公司更好地根植于本土。如一些企业在海外布局"门到门"业务，实现尾程配送"两日达"或者"三日达"。

①跨境电商蓬勃发展，整体保持高速增长态势。"一带一路"倡议持续深入推进，跨境电商新政不断释放政策性利好，愈加凸显跨境电商助推传统外贸发展。

②以出口跨境电商占比为主体，进口跨境电商占比逐步提升。跨境电商交易结构中，进出口结构的占比总体较为稳定，以出口跨境电商占比为主，但进口比

例呈扩大态势。由于中国国际竞争力显著提高，尤其是出口品牌建设成效较显著，我国对"一带一路"沿线国家以及拉美国家的出口比重提升，开拓新市场的成效明显。在国内消费升级的带动下，进口跨境电商市场主要交易商品集中在母婴用品、美妆等品类，处于领先地位的头部平台"寡头效应"初步显现，第二梯队实力强悍，市场潜力大且增速快。得益于国内消费升级，跨境消费需求不断释放，叠加线上购物习惯，中国进口跨境电商市场有望保持持续增长。跨境电商零售进口符合国际需求的结构变化，趋向于小额化、个性化的新特点，在满足国内消费者对国外商品个性化需求的同时，也带动了国内同类产品产业的升级，对国内产业的发展和结构调整带来了积极影响。随着我国经济社会的发展，消费者人均可支配收入不断增加，消费观念也不断升级，更青睐于购买高质量的差异化产品。此外，随着相关基础设施和互联网以及移动通信设备的普及，中国消费者可以接触和了解到更多来自国外的优质产品，因此通过跨境电商平台购买境外商品的比例增加，跨境电商进口的比重持续上升。伴随境外市场产品种类的增加以及跨境电商平台服务水平的提高，未来跨境进口额仍将持续增长。

③我国跨境电商配套环境逐步完善。中国跨境电商的快速发展与国家政策的大力支持密切相关。国家陆续推行了一系列的政策和举措，鼓励跨境电商更好地发展。人民代表大会常务委员会于2018年8月通过了《中华人民共和国电子商务法》，这是我国第一部立足于电子商务领域的全面性和综合性法律，对跨境电商的管理制度提出了具体要求，同时将鼓励和规范我国电子商务的发展上升到法制化的高度。2020年，跨境电商因为不受时间空间的限制，已成为推动外贸转型升级、促进经济增长的重要武器，同时我国支持和鼓励跨境电商发展的政策力度也在不断加大。我国的跨境电商政策涵盖了跨境电商的各个方面。除了政策法规的完善，科技和经济的进步也为我国跨境电商进一步发展带来了机遇，信息技术的发展为跨境电商支付、物流跟踪服务提供了技术和安全保障。

三、跨境电商供应链方面的现状

平台作为跨境电商的核心和产业链上各类经济活动的依托，集聚了众多贸易参与主体，如跨境电商企业、上下游供应商、物流企业、支付企业等，并为其提供商品展示、支付、报关等各种服务。但是，当前仍然存在着一些问题，制约了跨境电商及平台的发展。

(一）跨境电商产品流方面的现状

跨境电商范围广泛，除了覆盖全品类的 B2B 平台和 B2C 平台，还有专门深耕某一领域的垂直型平台，如中国制造网主要针对机械类产品等。综观世界上不同国家或地区的跨境电商平台，如中国的"速卖通"主要基于俄罗斯市场，同时向巴西、美国、西班牙、土耳其开放；京东国际面向印度尼西亚和俄罗斯市场。除了上述平台，还存在着大量服务于其他市场的跨境电商平台。从整体上来看，这些平台主要是面向个别市场，并非面向全球所有市场。尽管这会使平台具有一定的针对性，但随着全球化的持续发展、发展中国家的崛起以及全球数字贸易的演进，未来将会有越来越多的国家意识到数字化技术在贸易中的重要性，从而开展线上贸易，使跨境电商平台在贸易中的作用更加突出，而当前中国大多数跨境电商平台都面向单一市场，平台的国别属性显著，这种情况不利于供应链服务的跨国化发展和全球市场的开拓，阻碍了贸易便利化的实现。

目前，我国跨境电商产品品类分布不均衡。我国出口跨境电商主要面对的是国外的中低端的消费群体。虽然 3C 产品（计算机类、通信类和消费类电子产品三者的统称）的生产在我国已规模化和标准化，在跨境电商出口中占有较高的比例，但这种较高的比例并不利于我国跨境电商出口结构的调整。出口的产品集中在电子产品和轻工业领域，第三产业的占比过高。这种情况容易引起出口行业的两极分化，甚至引起马太效应。3C 数码产品的发展会越来越强，而如汽车配件等的发展会越来越弱，对中小卖家的冲击也会非常大。这种贸易额的增加在短期内有利于跨境电商贸易总量的扩大，并能促进相关行业的快速发展，但是从长期来看，会造成出口产品结构的失衡。以电子行业为例，由于科技的迅速发展，同质不同品牌的电子产品的更新换代速度不断加快，产品的可替代性不断加强，出口品牌电商一旦在策略或者是产品某环节出现问题，可能会引起经济的连锁反应，不仅可能造成贸易额的下滑，还可能对其他行业造成影响。

除此之外，跨境电商自 2013 年以来发展迅速，交易的产品类别也在逐渐增多，目前已经涵盖 3C 产品、服装服饰等十余类。但是，这些交易的产品品类更多局限于传统货物商品，而服务贸易领域的商品比较少。之所以跨境电商交易的产品范围集中于货物而非服务产品，原因之一在于我国服务贸易结构的制约。如美国服务业中排名靠前的产业为保险、金融等，而中国则是运输、建筑等行业。由于这些行业的供应渠道主要依赖境外消费或商业，并非通过互联网，因此很难利用跨境电商各方面的综合优势，这就会导致跨境电商的服务贸易规模较小，尤其是在数字产品和服务、数字化知识与信息等方面存在进一步探索空间。原因之二在于跨境电商参与者包括跨境电商企业、平台、政府等对跨境电商关注的领域主要局限在货物贸易,而非服务贸易领域。对于传统货物贸易而言,跨境电商因其支付、通关便捷等优势,极大地缩短了传统货物贸易的交易流程和时间。因此,跨境电商业界对其的关注更多地聚焦在如何改善物流、支付、通关等配套服务上,以加强传统货物商品的流通与变现能力,但对无形的数字化产品的关注度则不够。未来,跨境电商应大力提供除传统货物商品之外的服务产品,从而进一步加快向全球数字贸易过渡的进程。

(二)跨境物流方面的现状

在跨境物流方面,近年来,尽管中国跨境物流发展迅速且取得了一定的成效,但仍然存在着配送周期长、退换货困难等方面的问题。目前中国的跨境电商主要采用的物流配送方式为国际快递、国际邮政小包和海外仓方式。一般情况下,国际邮政小包配送方式需要7~15天时间,但若遇到购物节等特殊情况,就会导致配送时间延长,影响顾客体验;相比于邮政小包,国际快递配送时效较高,但是价格昂贵;而海外仓模式可以直接对商品进行配送,减少了交易环节,提升了配送效率,但这种物流模式前期需要投入大量的成本,往往适用于能正确预判市场方向的大型企业。因此,无论是国际邮政小包、国际快递,还是海外仓,中国跨境物流都存在着与跨境电商不匹配的问题,而物流的滞后性将会严重影响跨境电商的发展。

伴随着我国跨境电商贸易规模的不断增长,国际物流作为跨境电商的重要环节,越来越受到重视。由于受到各国政策法律、基础设施建设、文化等多种复杂因素的影响,跨境物流环节产生的成本占整个跨境电商交易成本的比重较大,如何降低跨境物流成本是提升跨境电商发展水平值得思考的问题。RCEP(《区域全面经济伙伴关系协定》)成员国在自然资源、科技、文化教育等方面的差异,是造成区域内经济发展极不均衡的重要原因,同时也使区域内的物流发展水平呈现出巨大的差异。

①物流服务能力和质量指标从企业的角度综合评价了其提供物流服务的质量以及竞争力。物流服务能力主要衡量跨境电商企业选择物流服务平台的适配性以及海外仓建设的类型和分布情况。跨境电商区别于国内电商的因素之一就是物流因素。跨境物流的成本显著高于国内物流,会对企业利润产生极大影响。且物流运输的速度也直接影响到企业收到货款的时间,物流运输的效率越高,企业收回

资金的时间越短,中小企业的资金有限,资金周转天数越少,对企业越有利。对于实力有限的中小企业来说,建设海外仓成本过高,企业只能在选择物流服务平台时拥有一些自主权,因此要在综合考虑成本和效率的基础上选择合适的物流服务平台。物流服务会对企业竞争力产生显著影响。随着互联网时代各国经济和物流行业的快速发展,消费者对物流服务的质量有着更高的要求,如愈发苛刻的送达时间、实时掌握商品的运送轨迹、保证生鲜等特殊商品的质量、最后一公里配送、完善的退换货服务等。企业提供物流服务的质量直接影响消费者和出口企业参与跨境电商活动的意愿,在物流行业竞争不断加剧的今天,快速捕捉消费者和出口企业的新需求,不断提升企业物流服务质量和能力,是促进跨境电商出口贸易增长的重要途径。

②基础设施是一国开展国民经济中各项事业的基础,也能从一定程度上反映一个国家和地区的综合实力和现代化程度,其推动经济发展的作用不言而喻。物流基础设施是国家基础设施建设的重要组成部分,包括交通干线、港口、机场、仓储设施及通信设施的数量和质量,是支撑跨境电商贸易中商品实体流动的基本条件。值得一提的是,以海外仓、跨境电商综合实验区为代表的新型物流基础设施,伴随着跨境电商模式的不断创新而得以诞生。物流基础设施建设越完善,跨境物流活动中产生的运输成本就越低,使得消费者和企业从价格更低的商品中获得最大化收益。

③货物的可追溯性,是指物流服务提供商通过一定的信息技术手段,使消费者和出口企业能够实时掌握商品流动踪迹。在5G、物联网、人工智能和大数据加速普及的互联网时代,通信基础设施、信息技术发展水平是提升货物可追溯性的重要基础。在跨境电商贸易商品流动过程中,由于货物需要跨越国境,流通过程相较于国内商品流动更为复杂、耗时更长,同时因运输被损坏的概率也大大增加,因此买卖双方之间信息不对称的问题和交易成本更加不容忽视。如果出口企业通过跨境电商平台或者物流服务商,能够实时掌握和查询货物的运输状态,并将运输信息传递给消费者和仓储方,使得消费者能够建立货物送达的预期、仓储方合理安排库存计划,将大大提升整个贸易流程的效率,进而在一定程度上精简贸易环节并降低贸易成本。

④虽然跨境电商利用互联网媒介促进了交易信息在国际的传播,但商品流通环节仍然需要突破地域的限制。清关效率作为衡量贸易便利化水平的重要指标之一,不仅能够反映货物通关的时间成本,在一定程度上也能够反映一国的贸易壁垒情况。例如,一国政府在国际贸易活动中设置的技术性贸易壁垒,会在通关环

节通过形式各样的检测得以实施。清关效率涉及政府、海关以及商界等多方面，其效率的提升能够减少货物跨境的通关时间，并降低因滞留等因素产生的物流成本，促进一国的贸易便利化水平的提升以及跨境电商出口贸易的发展。

⑤货物运输及时性，即货物能否按照买卖双方约定的期限安全、迅速地送达目的地，是物流活动最基本的要求。随着经济全球化的发展以及科学技术的迭代升级，跨境电商买卖双方对于商品运输时效性的要求不断提高。商品运输的准点率越高，因货物未能准时送达而产生的一系列成本就越低，也就意味着出口企业和物流服务商的履约成本越低；另外，跨境运输时效的提升丰富了跨境电子商务商品的品类，能够满足诸如鲜活、易腐品等特殊商品的运输要求。可靠的供应链系统能够确保货物运输的及时性，带来交易成本的降低和商品品类的丰富，从而促进跨境电商出口贸易的发展。

⑥国际运输便利性，是指一国能否提供有价格竞争力的货物运输，该项指标受到各国法律法规、基础设施建设标准的差异以及物流信息传递的通畅程度影响。跨境电商小额、多批次的交易特征，决定了大多数参与跨境电商的商品具有低附加值、规模经济的属性，因此获取高性价比的物流服务是出口企业盈利的必然要求。充分了解各国法律法规的差异能够有效避免额外产生的法律成本，通过本土化服务、多式联运等方式缓解不同国家物流基础设施建设不统一所带来的成本压力，畅通出口企业、消费者和第三方平台之间的信息传递进而降低信息成本……通过这些方式改善国际运输的便利性，提升物流环节的效率并降低贸易成本，能够提升跨境电商交易主体参加交易的频率，进而促进跨境电商出口贸易的发展。

（三）支付体系方面的现状

中国跨境电商的飞速发展离不开跨境支付的支撑。作为重要环节，跨境支付承担着保障资金安全、促成交易达成的重要责任。通关、支付能力主要衡量跨境电商企业在通关、结汇、退税等环节的处理效率和选择国际支付平台的适配性，通关、支付均属于跨境电商的交易环节，对交易能否成功具有最直接的影响。通关、结汇等环节的效率越高，国际支付平台抽取的费率越低，相比于其他竞争对手，企业的效益就越高，企业竞争力就越大。

目前，中国跨境电商主要的支付方式包括银行转账、西联汇款、第三方支付及信用卡支付等。而这些支付方式又有各自的优缺点。

①银行电汇。先付款后发货；保障卖家利益；设置了较高限度的手续费；结算手续相对简单。但汇款人需到银行办理业务，受制于时间和网点分布的局限性，

手续费相对较高，买家需要承担较大风险。

②西联汇款。收款人不需支付收费；安全性高；手续简单；代理网点较多，分布广泛，交易速度快。但汇款人需支付手续费；首次交易实施先付款再交货，对买方不利。

③第三方支付。手续简单易操作；成本较低；第三方支付平台提供信用担保；支付方式多，提供多种选择性。但提现手续费较高，使交易成本上升；且有一定的支付风险。

④信用卡支付。付款手续简单、方便、快捷。但需要支付开户费和年服务费；具有交易额度限制；不同国家使用信用卡存在差异性。

跨境支付国际化和合规化进程提速，跨境支付业务规模也随着跨境电商的蓬勃发展呈现飞速增长态势，国内跨境支付企业纷纷迈出国门，跨境支付行业合规化进度明显加快，这对于提升中国跨境电商行业的金融服务竞争力具有举足轻重的作用。具体表现为：一是跨境支付规模持续扩大；二是支付企业境外业务快速发展，随着对跨境支付服务要求的提高，国内支付企业加快走出国门，不断加强与境外电商平台的联系与合作；三是跨境支付业务准入进一步标准化，参与跨国外汇支付业务试点的支付机构获得跨境支付许可证，新政策的实施将促进整个跨境支付领域走向更加规范、健康、有序的道路。

（四）营销手段方面的现状

在营销推广方面，由于买卖双方处于不同的国家、地区，有着不同的语言、不同的文化，对产品的认知和使用目的也有一定的差异，因此针对不同的消费群体制定差异化的营销策略就变得尤为重要。而跨境电商企业主要利用平台实现对产品的营销推广，在这种情况下，跨境电商平台就扮演着非常重要的角色，因为它不仅有利于卖方，使卖方有渠道及时更新产品信息、拟订营销方案，还为双方提供了交易磋商的场所。然而，需要注意的是，当前中国跨境电商平台的综合能力相对较低，除个别大型跨境电商平台之外，部分中小平台企业仅仅将平台作为盈利的工具，对平台的投资有限，综合服务能力较弱，制约了跨境电商的发展。

①缺乏科学的战略规划，管理层营销意识薄弱。一些跨境电商的初衷只是为了多一个盈利的平台，没有明确的营销战略规划。对阿里巴巴平台提供的数据没有进行充分有效的利用，对目标市场没有进行科学的定位，仅仅凭个人经验将公司定位为中间商，追求短期利益，忽视长期发展目标，抗风险能力弱，缺乏核心竞争力，长期动力不足。在产品、价格、渠道、促销方面制定的现有策略并没有

结合自身店铺的特点，对市场缺乏了解。跨境电商的大部分员工的营销策略概念是模糊的，对市场定位并不是很了解，这也说明管理层并没有认识到营销策略的重要性。首先，跨境电商并没有制定完整的营销策略。跨境电商业务面向全球，市场每天都在变化，如重要的节假日、各个国家的外贸政策的变化、气候变化等都会影响到每个月营销方案的变化。跨境电商的大部分工作人员只有销售额目标，并没有明确的营销目标，工作成效不明显。缺乏营销策略的制定，就无法做到规范化，这样会造成跨境电商的员工缺乏目标，员工工作成果也无法加以量化，严重降低工作效率。其次，对精准营销并不了解，也不知道如何使用数据确定目标市场。对市场中竞争对手的数据未做到长期跟踪，不能提取有用信息，造成跨境电商对市场定位、行业风向趋势也无法做到提前预测，市场信息滞后。最后，公司未重视品牌建设和客户售后服务。这大大降低了消费者对公司的识别能力，客户黏性度降低，最终导致较低的"复购率"。

②未有效使用平台提供的数据。阿里国际站提供大量的店铺运营数据，包括曝光量、转化率、成单量等。跨境电商并没有有效利用这些数据进行营销策略的制定。例如，在关键词的推广上，仅仅局限于阿里平台提供的热度关键词，并没有考虑到数据的滞后性以及没有对多个平台的搜索关键词数据进行比对从而提炼出有价值的关键词。跨境电商在经历了跨境电商红利期之后，也逐渐步入了发展的瓶颈期。如何有效利用数据寻找新的发展机遇、深度挖掘网络购物的新群体，成为跨境电商面临的一大挑战。缺乏对于数据的分析，将会影响到市场定位以及"销售漏斗"各个阶段的转化率。

③无产品差异化和弹性价格的定期研究。对于出口跨境业务，"选品"是基础。跨境电商目前的产品品类竞争逐渐白热化，同质化现象严重，产品利润偏低，暴露出跨境电商产品缺少创新的问题，缺乏对产品差异化的定期研究。究其原因，一方面是跨境电商缺乏对买方市场的深入了解，不了解目标市场和目标群体的流行趋势；另一方面缺乏对现有产品差异化、优化的研究，现有产品尤其是同一类别的产品，缺乏更细化的分类。对产品中重点关注的"爆款"产品的打造缺乏创新思维。由于B2B模式下的跨境业务优势减少了库存的成本风险，平摊到每件产品的成本也会降低，价格成为优势。但是近几年，行业竞争加剧，价格战持续升温。一味地低价竞争是不合理的行为，会严重损害企业自身的利益。一些跨境电商所有商品品类的价格都是统一的，缺乏与同类公司的比较，缺乏弹性的定价模式。一件产品，价格不能经常波动，但是一类产品价格如果缺少差异化，

容易造成营销成本的不合理分配，挤压了利润空间。跨境电商在产品和价格的两个重要板块没有进行定期的研究，缺少数据记录和跟踪，无法从数据中获取真实的经验。

④缺乏与之相适应的国际营销。近年来，信息技术的发展催生了网络营销这一新兴营销模式，网络营销利用互联网让买卖双方高效互动，是一种建立在互联网基础上的新型营销模式。网络营销通过互联网来发布自己的产品信息，利用网络了解消费者市场并最终达到促进销售的目的。网络营销策略的核心是产品、价格、渠道、促销这四个方面，其中，在促销策略中比较常见的有网络广告营销、搜索引擎营销、电子邮件营销、社会性网络服务营销等。目前，我国的跨境电商在营销方面经验不足，从而在营销过程中出现了很多问题。一是缺乏对目标客户群体有关数据的掌控。由于受地域距离的限制，跨境电子商务的客户积累较少，跨境电商自身很难获取目标客户群体的个人信息数据。而如果跨境电商从外部信息渠道购买用户信息，其真实性又很难保证，很难"对症下药"，从而致使营销效果不尽如人意。二是海外每个国家、地区的风俗习惯，政治、文化环境不同，跨境电商对于各国、各地区环境差异没有展开必要的了解就开始盲目营销，使营销效果大打折扣。不同国家、地区对于不同的营销方式的认可程度不尽相同，如何具体问题具体分析，从而制定行之有效的具有针对性的营销策略，一直是近年来跨境电商发展中面临的一个难点。三是营销中的语言障碍。熟悉当地消费者的语言环境是制定有针对性的营销战略的一个重要前提，跨境电商的发展要求营销人员要熟练应用多种语言进行营销并回应客户的咨询，这不仅考验着跨境电商营销人员的营销能力，同时也考验着商家的资金实力。

（五）通关效率方面的现状

不同国家有不同的贸易政策和审批程序，复杂的许可证审批程序将给外商投资者带来巨大的挑战，在一定程度上妨碍贸易的顺利进行，带来时间、运输和资金方面的风险。跨境电商国家间发展差距较大，各国处于不同的发展阶段，各国会根据发展阶段采取适应的贸易政策，并根据经济发展状况和国际环境变化来调整这些贸易政策，这就导致了各国间不一致的贸易政策。此外还有不同经济状况带来的产业转移现象，因此贸易竞争会加剧，各国采取不同的贸易保护政策，包括旨在保护环境的绿色壁垒、受技术指标制约的技术壁垒以及旨在保护本国企业的贸易救济措施。

四、跨境电商盈利规模方面的现状

从贸易伙伴的角度看，跨境电商贸易伙伴日益多元化。日本、韩国、美国、澳大利亚、荷兰等国家是跨境电商零售进口的主要来源地。而出口伙伴国还包括马来西亚、新加坡、英国、菲律宾和沙特阿拉伯等。从规模的角度来看，中国跨境电商发展区域布局呈现东强西弱的现象，东部沿海地区居于领先地位。我国跨境电商零售商品进出口总量位居前五的地区依次是广东、杭州、河南、福建、湖南，其中广东的进出口总量远超其他地区，强弱差距明显。从商品品类的角度看，跨境电商进出口商品品类集中度较高。

我国跨境电商仍处在迅猛发展阶段，大部分企业营业收入稳步上升，具有较大发展潜力，我国大多数跨境电商企业能够科学合理地规划和发展。

虽然我国跨境电商行业发展势头良好，市场规模不断扩大，但是企业盈利情况差异较大，企业盈利能力波动幅度大，盈利情况不稳定；不同企业的盈利能力也存在较大差异，各个企业的经营管理能力不尽相同，部分企业盈利情况不容乐观，亟须调整企业规划、增强企业管理能力，从而提高经营效率。

五、跨境电商监管方面的现状

我国跨境电商平台在跨境电商的贸易中发挥着不可替代的作用。我国跨境电商管理缺乏效率，监管难度大，主要表现在以下两个方面。

一方面，相关法律的制定与实施具有时滞性，缺乏预测性，造成监管的难度增大。在跨境电商平台管理方面，我国已经出台了多部相关的系列文件，如《关于跨境电子商务零售出口税收政策的通知》。但随着跨境电商的快速发展，新的问题和情况不断出现，目前存在的法律还是难以跟上实际发展的情况。同时，由于各国在质量监管方面存在着较大的差异，在本国合格的产品，出口到其他国家，可能并未达到当地法律关于质量方面的监管的标准，而引起一些贸易的问题，造成了一定的监管乏力。

另一方面，跨境电商平台在监管方面缺乏一定的效率。由于平台中电商数量众多，商品种类繁多，每个电商合作的物流公司不同，利润扣点也不尽相同。政府对跨境电商平台的管理缺乏经验和必要的专业知识，而平台的管理者由于利润的驱使和平台规模过大，对平台的管理缺乏效率，造成了监管难度大。

六、跨境电商争端解决与信用方面的现状

对跨境电商平台而言，健全和完善的争端解决机制和信用体系会直接影响消

费者对卖家的评价，更进一步则会影响到平台的声誉和发展。而当前，中国跨境电商平台在争端解决机制和信用体系两个方面都存在着问题，亟须完善。

一方面，对于争端解决机制问题，通常情况下，跨境电商的争议主要体现在产品质量、支付问题及不可抗力三个方面。当前，跨境电商平台争端解决机制存在着两个方面的问题。首先，消费者通过平台购买所需商品时，平台为保障双方权益，通常会让双方签订电子合同，尽管双方具有同等的法律地位，但是由于信息不对称及自身法律知识薄弱的问题，大多数消费者会忽视条款内容，这就会导致条款中的某些费用需要由消费者承担，使消费者处于劣势，不利于维护其应有权益。其次，当争端发生时，跨境电商平台通常是依靠平台客服解决。这种解决方法尽管具有便捷性及成本低的特点，但是面临着一系列的问题，如争端解决是否符合相关法律法规、工作人员是否专业等。为了维护既有顾客和平台声誉，吸引更多用户入驻，平台客服会更加偏向消费者一端，这就会打击卖方的积极性。因此，争端解决机制无论是偏向消费者，还是偏向卖方一端，都不利于打造良好的平台环境。

另一方面，对于平台信用体系建设问题，现有跨境电商平台众多，但是由于各个平台的特点不同，信用体系大多数都不相同。近年来个人信息在网络上泄露已是常事，跨境电商当然也不例外。信息安全隐患是阻碍跨境电商行业发展的问题之一。

第三节　跨境电商面临的瓶颈

一、跨境电商的外部影响因素

（一）政治影响因素

政治影响因素是指对组织经营活动具有实际与潜在影响的政治力量和有关的政策、法律及法规等因素。

①英国脱欧的影响。英国脱欧对于欧洲市场跨境电商贸易的影响一直存在。首先影响的就是海关通关，英国从此具备独立的关境，以前进口到欧盟境内的货物在进口口岸办理了通关以及缴纳关税等手续后可以在欧洲国家之间包括英国境内自由流通，在内部国家之间不需要办理通关手续。英国脱欧后凡是发货到英国的，不管是来自欧盟国家，还是非欧盟国家都要办理通关及缴纳关税的手续，都

需要提前了解这些信息以免无通关文件货物被扣。其次是关税计量单位从欧元更新为英镑，并且许多产品的产品标准都需要做出一定的更改，欧盟的EORI（企业海关登记号）号码也不再适用于英国进出口业务。

②政府管理效率低，贸易环境差异大。跨境电商包含的国家范围较大，其中既有发达国家，也有发展中国家。由于自然资源、人口规模和对外开放程度的不同，各国的经济发展水平差距很大，贸易环境也有很大的差异。在政府规制环境方面，新加坡、澳大利亚、日本等发达国家，规制环境的得分较高，其政治稳定，行政的效率和可靠性高，因此备受青睐，营商环境好，而在菲律宾、柬埔寨、越南等发展中国家，其管理体制不健全，政府机构冗杂，职能部门的行政效率低，外商贸易和投资的成本和风险都较大，贸易商从趋利避害的角度出发会规避掉规制环境较差的国家。

③国际环境相对稳定，机会与挑战并存。长期以来，我国秉持睦邻友好、和平共处的原则，在国际交往中坚持互惠互利，在国际社会上树立良好形象，国内品牌在"走出去"的道路上有着较强的影响力。此外，在经济全球化浪潮下，全球各国政府主体对跨境电商行业的管制逐渐呈现开放化和合规化的趋势。2020年11月，《区域全面经济伙伴关系协定》的签订给多国带来了发展机遇。2021年，美国贸易代表办公室发布《2020年假冒与盗版恶名市场审查报告》，对跨境电商产品的版权、真伪等方面提出了进一步的合规性要求。2021年7月，欧盟发布《欧盟税制改革》，宣布终止低于22欧元的进口增值税豁免政策，这些措施对跨境电商税务方面提出了更高的合规性要求。2020年6月以来，印度政府强制下架我国企业开发的部分应用软件，致使我国部分电商企业的国际化发展脚步受阻。

总体而言，跨境电商"走出去"具有相对良好的国际宏观环境，但也有部分国家和地区不断利用外交政策大力打压我国"出海"品牌，导致我国跨境电商企业的国际化发展仍面临重重挑战。

（二）经济影响因素

经济影响因素是指组织外部的经济结构、经济发展水平、产业布局、资源状况以及未来的经济走势等。

①中国经济的高速发展所带来的影响。随着中国经济社会国际化程度的提高，国与国之间的经济社会联系也越发密切，贸易越发频繁，而中国"一带一路"倡议也推动着世界各国之间要素的自主流转和产品的自由贸易。在这一形势下，人

们利用跨境电商贸易平台大大降低了贸易生产成本，从而增加了交易额，提高了商品竞争力。我国跨境电商行业经历了由萌芽、成长、探索到成熟的四个发展阶段，争产品种类和数量、打价格战的跨境电商时代已经远去，拼营销和服务的跨境电商时代也即将翻篇，产品精品化、品牌化的跨境电商时代已经到来。在双循环发展的背景下，作为外贸新业态的典型代表，跨境电商行业发展迅速，进出口规模保持高速增长。随着移动互联网技术的发展、网上购物的普及以及居民消费水平的提升，跨境电商出口 B2C 规模将实现稳步增长。

②投融资环境对跨境电商的影响。随着第三方支付行业和互联网金融的快速发展，跨境电商交易如虎添翼，其为跨境电商支付提供了一个相对安全、便捷的环境。此外，跨境电商规模在不断扩大，包括跨境电商业务和平台，相应的融资活动也越来越频繁。金融服务主要对金融市场是否透明和规范进行度量，从而反映企业开展贸易的环境是否优良。从融资角度出发，对于企业来说，出口国的金融服务体系越完善，就越容易筹集资金，那么企业可以节约融资成本，将更多的资金用以生产，进一步促进了出口贸易的发展。在风险控制方面，与其他形式的贸易相比，跨境贸易面临更大的风险，如信用风险等。在出口商规避风险的过程中，如果能够以较低的成本运用金融市场，那么对于增加出口以及促进跨境电商的发展十分有利。

③交通基础设施不完备，规划建设不均衡。在东盟国家中，除去马来西亚和新加坡，其余的国家人口规模较小，产品以出口为导向。东盟成员国中，新加坡与马来西亚是其中基础设施环境较好的国家，其余国家公路网络不发达并且路况差，其中老挝和菲律宾的口岸效率得分更为落后，其陆地运输成本高，航空运输尚处于开始阶段，一些国家仍然没有洲际航线，航空运输的成本十分高，这对货物运输造成了重大影响，也限制了其经济贸易的进一步发展。

（三）社会影响因素

社会影响因素是组织所在社会的成员的文化传统、价值观念、教育水平以及风俗习惯等因素。

①互联网用户增多所带来的影响。当今，移动终端用户规模持续扩大，实现了用户在任何时候、场所和技术要求下均能够进行跨国网上交易，促使跨国电子商务市场占有率在原来基础上出现指数级别提升。随着手机使用量的激增和电子商务市场的兴起，数字支付在全球范围内迅速普及。欧洲国家也不例外，数百万人选择无现金支付而不是现金和信用卡。多年来，无现金支付已成为对许多欧洲

消费者有吸引力的替代方案，对传统上以现金、信用卡和借记卡为主的支付行业产生了重大影响。跨境电商的潜在客户群体也因此得以增加。

②跨境电商高速发展所带来的投融资影响。人们对跨境电商的认可不仅仅体现在消费者数量的不断增长上，也体现在跨境电商运营主体数量的增长上。在企业方面，阿里、京东等大型电商公司正快速发展，在国内电商迅速发展的今天，这些公司也都在积极开拓国外市场；而国美、苏宁等传统零售公司也纷纷引入外国电商公司，开展海外购等跨境电子商务。

③消费者转变购物习惯，线上需求愈发旺盛。随着互联网技术的普及、教育水平的提高，电子商务耳熟能详，网购已被大多数人接受，观念障碍基本消失。随着消费能力的增强，本土的商品已经无法满足人们的需求。而消费者可以通过网络获取世界各国商品的信息，满足了消费者多元化的需求。同时，信息技术的发展和观念的改变也将不断推动跨境电商规模的扩大，如今越来越多的消费者都会选择在网上进行购物，大家觉得网上购物是很寻常的一件事情。因此，消费观念的转变也是影响跨境电商发展的因素之一。随着中国开放程度的进一步深化，越来越多的外国品牌进入了寻常百姓家，渐渐地我们对外国商品的品牌文化有了更广泛和更深度的了解，对海外商品认知度的提升也将扩大对海外商品的需求市场。因此，立足于各国消费者市场，将供给端与需求端高效对接，正是跨境电商发展的基础。2020—2022年，线下贸易发展受阻，迫使线下贸易向线上转移。美国、欧洲以及东盟等主要贸易国家和地区实施"居家隔离"政策，海外消费者的购物渠道从线下向线上转变，催生了"宅经济"。对线上购物便利化有着深刻感受的消费者逐渐养成新的购物习惯，越来越多的海外消费者选择尝试线上购物。虽然目前全球经济已经好转，但是线上购物的习惯将被长期保留。

（四）技术影响因素

技术影响因素不仅仅包括那些带来革命性变化的发明，还包括与企业有关的新技术、新工艺、新材料的出现和发展趋势以及应用前景。

①电子商务对跨境电商的影响。信息技术的快速发展，为电子商务的兴起创造了基础物质条件，跨境电商作为新兴的贸易方式，其交易和支付等流程都与信息通信技术息息相关。跨境电商的出现也正是源于电子商务的发展。电子商务的应用克服了纸质媒介的缺点，能够快速传输交换数据，提高了效率，改善了传统贸易中的地理空间的限制及信息不对称问题。从交易前的信息发布和获取，到交

易过程中的物流跟踪,再到最终付款和售后,这一系列过程都需要电子商务进行支持。新技术的可获得性、互联网的使用等都是衡量电子商务水平的标准。一国的新技术可获得性较高,表明该国的技术水平相对较高,这有助于利用技术水平的发展来提高贸易效率。互联网规模越大,利用电子商务进行跨境贸易的企业或居民数量就越多,跨境电商规模也会越大。

②数字化信息技术支撑跨境电商的发展。得益于数字化信息技术的快速发展,我国跨境电商行业的发展有了强大的技术支持。大数据和云计算等数字信息技术助力跨境电商企业运营水平的不断提高,推进了我国跨境电商品牌全球化的进程。运用人工智能技术协助企业选品,可以实现"爆款"产品的打造;通过开发与应用云计算技术,跨境电商企业可以更低的成本搭建更高效率、更富稳定性的软件运营服务(SaaS)系统,提升企业自身数字智能化实力水平;通过将企业内部业务与区块链技术进行高度整合,可以实现业务流程的可追溯性,缩短产品从生产到出售的运转周期,将整个业务过程高度扁平化,提升消费者购物体验,进而提高消费者的复购率;通过收集消费者在平台上产生的消费行为数据,精准勾勒用户画像,为消费者量身打造个性化访问页面。未来数字信息技术将更广泛深入地应用于选品、目标群体识别、预测消费者偏好变化趋势等方面,为快时尚出口品牌创造更多便利。

③新型获客方式为跨境电商发展注入新动力。互联网技术日新月异的时代背景下,跨境电商企业能否在激烈的市场环境中获得稳定的流量决定着其能否实现可持续发展,创新获客方式成为跨境电商企业参与市场竞争的核心竞争力之一。借助短视频和直播进行引流,电商品牌可以更生动、更直观地向消费者讲述品牌故事,讲解品牌产品,从而为消费者提供更加优质的消费体验。与传统电商相比,借助数字化技术的"直播电商"提高了流量的转化率,为跨境电商企业的发展提供了新动能。我国政府对跨境电商行业的重视程度不断提高,数字化技术快速发展,在互联网渗透率不断提高、海外消费者消费习惯发生转变的大环境下,跨境电商行业的发展潜力巨大,跨境电商应抓住外部发展的有利条件,谋求进一步发展。

④中欧班列发展所带来的影响。在2020年以后,全球经济发展和世界贸易受到了很大打击,而中国经贸却呈现出了巨大的创新活力和综合实力,进出口货物流量迅速回稳。"一带一路"倡议不断深入,中欧班列经济高速增长。2020年,我国同欧洲联盟班列合作对促进企业复工复产,稳定国内、全球供应链产业链起到了关键作用。这种新陆运模式的出现使跨境电商货运成本进一步降低。

⑤网络技术方面发展所带来的影响。网络和移动通信技术是中国跨境电商发

展成熟的重要催化剂。目前，中国网络带宽速度正急速提高，完备的基础设施已遍布于全国各地，我国网络购物也更加便利，为跨境电商业务的蓬勃发展奠基了技术上的基础。

总之，信息网络技术的发展推动了电子商务相关科技的巨大进步。从电子商务信息交换技术（EDI）、Web访问技术到数据库技术，不同信息技术层面的功能实现也为跨境电商的蓬勃发展提供了更大的舞台。信息技术的进步使跨境电商企业极大地降低了成本、减小了经营风险、增加了利润，信息技术环境可以说是跨境电商发展的一个重要载体，因此技术环境对跨境电商的竞争力有一定影响。

（五）环境影响因素

跨境电商的环境影响因素是指一个组织的活动、产品或服务能与环境发生互相作用的要素。

①"一带一路"倡议所带来的影响。"一带一路"倡议的提出，给中国进口与跨国电子商务合作提供了新机会。伴随着"一带一路"倡议的落实，国内与"一带一路"相关各方的双边贸易额或将同步增长，外商投资额也将同步增长。这也意味着国内最重要的跨境电子商务支付市场或将被重新打开，而海陆空大通道也将逐渐建立，为跨国物流提供了很大的空间。

②线上交易所的宽松环境带来的影响。目前中国国内，关于跨境电商的市场发展监管环境仍较为松弛。而线上网络、社会化媒体和现代物流信息技术的蓬勃发展，则在推动跨境电商的蓬勃发展领域方面，产生着重要影响。此后，中国也采取了建设上海自由贸易区等措施继续支持跨境电商的蓬勃发展。跨境通、亚马逊和天猫等中小企业利用有关优惠政策，在自贸区中逐渐站稳了脚跟。

③口岸效率对跨境电商的影响。口岸效率主要指基础设施和物流水平，其在贸易便利化水平中对商品货物的流动效率十分重要。跨境电商零售贸易中对物流的时效性有很高的要求，毫无疑问，一个国家的口岸效率越高，即基础设施和物流水平越完善，则跨境电商交易规模就越大。口岸效率是衡量商品及货物在流通中的运输速度及效率的指标，其包含基础设施质量和服务效率。在跨境电商的交易过程中，货物从卖方到买方，将对买方和卖方产生较大影响，高效的口岸和顺畅的物流，可以节省不必要的费用，如过量库存导致的仓储和滞期费用。同时买家更快地收到货物，还可以避免一些商品在运输过程中带来的质量问题。综上来看，高质量的口岸效率对跨境电商有重要作用，有助于降低交易的成本，从而扩大跨境交易的规模。

④海关环境对跨境电商的影响。出口商品时需要进行通关，首先进行申报，提交单证，然后海关检验，有一系列手续和流程。跨境电商贸易中商品的通关流程和手续不同于普通的传统贸易。例如，我国海关对跨境电商进出口零售商品的要求是汇总申报，而跨境电商综合试验区内零售商品如果出口，在符合条件的情况下，可实行汇总统计。海关环境对跨境电商交易规模的影响主要体现在跨境商品通关上。货物必须通过规定的地点进出入境，并且必须经过检验检疫等法定合规程序，才能顺利通过关口。海关环境主要由通关手续的繁简、关税水平和贸易壁垒的程度构成。首先，通关手续的繁简包括通关单证的数量和方式以及通关所需的时间和程序。减少填报单证、简化方法、缩短时间和程序，则货物可以避免滞留，降低了手续费、仓储费、滞留费等成本。通关的效率越高，越有助于扩大跨境电商进出口规模。其次，如果关税水平和贸易壁垒水平相对较低的话，进出口商的税负越低，通关的成本越低，跨境电商的规模就越大。

（六）法律影响因素

法律影响因素是指组织外部的法律、法规、司法状况和公民法律意识所组成的综合系统。

①目前国内跨境电商法律体系不完善所带来的影响。随着中国经济国际化程度不断提高，跨国电子商务的发展也越来越迅猛，但同时也产生了许多法律问题。跨国电子商务链上本来就有很多环节，各个环节的服务企业之间也互相交叉，构成了一个巨大的联系网络，影响了跨国电子商务的正常营商环境，也影响了网络平台的合法性。近年来，随着跨境电子商务的不断发展，伴随而来的法律问题也不断突出，我国原有的国际贸易法律体系已经渐渐不能适应国际电子商务发展的需要，而我国相关法律制度的制定速度又远远滞后于跨境电商产业的发展。所以，目前一个迫切需要解决的问题是制定一系列关于跨境电子商务的法律，以解决跨境电子商务活动中所可能发生的各种制度问题和法律纠纷。海关总署在2014年7月颁布了《关于跨境贸易电子商务进出境货物、物品有关监管事宜的公告》，该公告明确了跨境电子商务的合法地位，并且界定了跨境电子商务的范围与海关职责范围，该公告的出台意味着跨境电子商务将从试点走向推广。商品质量的监督和维权问题是跨境电子商务法律中的重点问题。这种质量问题一旦出现在跨境交易中，由于受到地域距离、法律规则等多方面条件的限制，消费者维权的难度会更大。法律问题的另一个突出问题是产权问题。在国际贸易中，各个国家之间知识产权、商品质量体系、标准体系、法律环境体系各不相同，这也是造成跨境电子商务交易中商品质量和知识产权问题没有一个统一界定的原因，如何规范和

监督跨境交易中产品的质量，如何协调各方面因素统一界定跨境电商产品的产权，这一系列的问题都在不同程度上制约着我国跨境电商的发展，成为阻碍我国跨境电商发展的瓶颈。

②贸易规制对跨境电商的影响。规制环境是指政府出台的政策是否透明、有效和可靠。规制环境在跨境贸易中发挥着重要作用，廉洁且高效的规制环境可以保障跨境电商交易的全过程。作为一种新型的贸易方式，跨境电商发展迅速，但仍存在诸多不足，相关法律法规的不完善就是其中一个方面。如果各国政府能够及时并且准确、透明、有效地发布与贸易有关的政策，进出口商就能够获取到伙伴国的最新信息，从而有助于降低贸易成本。政府制定更完备的法律法规，可以降低合规成本，有利于保护进出口商的合法权益，增强信任、互惠互利。总体来说，良好的规制环境和高效透明的政府，将吸引更多的企业和制造商进行投资生产或贸易，有助于扩大跨境电商交易规模，提高本国竞争力。

③《数字服务法》（Digital Services Act）对出口电商带来的影响。2022年1月20日，欧洲议会通过了《数字服务法》，接下来《数字服务法》还将提交给欧盟各成员国议会审议，在获得各国批准后生效实施。和2020年底提交的草案相比，最新版《数字服务法》新增了对超大型平台的内容审查、个性化广告、算法推荐等方面的内容。《数字服务法》开始执行将对在全球有大量业务的网络巨人如亚马逊、脸书、谷歌等产生重大影响。中国有大量出口欧洲地区的跨境电商企业，它们高度依赖亚马逊店铺和谷歌、脸书等平台进行产品销售和推广营销，与此同时，国际版抖音TikTok近两年开始试水直播电商，并优先开拓欧洲市场。这意味着跨境电商同样不能将《数字服务法》抛诸脑后。

总体来说，跨境电商相关法律法规的发展并不能跟上电子商务发展的脚步。国内与电子商务配套的法律法规尚不健全，与跨境电子商务配套的法律法规建设情况也不理想，因为它还涉及更为复杂的跨越国界的法律适用问题。就整个行业环境而言，完善健全的法律法规既可以保证跨境电子商务行业向着健康良性的方向发展，也可以保护参加跨境电子商务活动的所有市场主体在交易中的各项权利，从而保障贸易安全进行，利益不被侵犯等。法律法规作为重要的外部环境因素之一，会在一定程度上对跨境电子商务企业的竞争力产生影响。

二、跨境电商的内部影响因素

影响跨境电商的内部因素主要包括如下几个方面。

①发展潜力。企业的发展潜力主要体现为利润增长能力和扩大生产能力。判

断跨境电商企业是否具备发展前景，需要重点考察企业销售收入（或利润）的增长速度、跨境电商相关收入占总收入的比重等因素。企业的发展潜力会随着外部市场环境的变化而变化，这一点在中小企业上体现得尤为明显。由于企业运用电子商务的程度不同，获得的发展资源不同，企业的发展潜力也各不相同。因此，长远来看，跨境电商企业的发展潜力对企业的竞争力存在显著的影响。

②组织管理。组织管理即企业如何组织和管理企业的内部关系和外部关系，它决定了企业的绩效。组织管理可以使企业产生一个综合效应，这个综合效应是团队中的人员联合作用的结果，企业可通过设置团队架构，明确岗位职责，从而使团队中的人员彼此协调、相互配合，共同完成团队的任务。

③人力资源。拥有专业技术和知识的人才是企业发展和进步的关键。跨境电商是新型产业，人才需求缺口较大，同时又是综合性产业，涉及国际贸易、电子商务等相关方面的专业知识，涵盖面极广。在实际操作过程中，会对员工的外语水平、计算机水平提出额外的要求，因此跨境电商企业对人力资源的要求更高。随着跨境电商的快速发展，企业必须应对来自各方面的挑战和威胁，如何做好人才的选择和培训是企业必须考虑的问题。企业人力资源的质量和有效性是影响企业竞争力的重要因素。

④市场需求。国内电商市场供需日渐饱和的状态下，全球网络信息技术飞速发展，国际物流产业与金融服务产业也趋于完善，因此，国际市场为扩大跨国电商公司的市场需求提供了很好的内外部条件。国际市场现已成为电商企业争先抢占的新"蛋糕"，给电商企业带来了大量的潜在市场需求。跨境电商企业如何通过网络提高客户访问量，扩大市场需求，提高市场占有率，都体现在企业扩大市场需求的能力上。因此，跨境电商企业扩大市场需求的能力直接影响自身的竞争力。

⑤在线支付和结汇管理。跨境电子商务企业的资金管理问题是企业内部管理的重要方面。与传统贸易不同，跨境电商企业采用的都是网上支付或者借助第三方支付平台，买家下单后，货款会暂时存放在第三方机构，卖家最终得到货款的时间取决于发货速度、物流速度等因素，最终得到的实际货款也要取决于第三方支付平台的手续费、支付币种的选择等因素。不同企业的平均发货时间不同，物流合作商不同，选择的第三方支付平台也不同，跨境电子商务企业资金管理的效率直接影响到企业的竞争力。结汇是指通过指定的银行将外汇收入兑换成同等价值本币的行为。以中国跨境电商出口为例，国外买家是通过美元或者其他外汇来支付货款的，中国卖家不能直接收取美元或者其他外汇，而需要将美元或者其他外汇兑换成人民币，在这个过程中就涉及结汇的环节。而以往跨境电商缺少正规

的报关途径，跨境电商卖家通过正常渠道进行结汇的可能性很小。在国家进行跨境电商创新试点前，只有四种结汇方式可供卖家选择：第一种，使用境内的个人的账户直接收取美元或其他外汇，然后通过个人身份证进行结汇，这种方法受到结汇数额的限制；第二种，通过香港汇丰银行的公司户提款卡进行取现；第三种，在境外设立离岸公司，通过离岸公司给境内公司支付的方式进行结汇；第四种是通过"黑市"进行结汇。个人身份证结汇受我国外汇政策的影响，不能满足我国跨境电商发展的需求。因此，我国需要建立一套与跨境电商发展相互适应的结汇体系，从而满足跨境电子商务发展的需求和保证资金安全。跨境电商支付环节的另一个发展瓶颈是电子支付问题。随着跨境电子商务交易额的快速增长，与之联系的支付业务的市场也蓬勃发展，怎么样令消费者满意并且受到广大消费者的认同是第三方支付平台成功的关键所在。中国本土的第三方支付平台如何进入国际市场，并与国外的支付平台竞争，直接关系到我国的跨境电子商务的发展进程，如何让更多的国外消费者选择使用国内的第三方支付工具，依然是近年来跨境支付发展的难题，如何用好第三方支付平台这一块"敲门砖"，打开国际市场，已经成为近年来跨境电商发展面临的重要挑战。

⑥流程成本。跨境电商相关企业的流程成本与电子商务的运用程度息息相关，体现着企业的竞争力。从成本角度来看，一方面跨境电子商务相比于传统贸易减少了很多中间环节，买家在一定程度上能实现自助购物；另一方面企业通过跨境电商平台可以更合理地控制生产、库存等流程。跨境电子商务的供应与销售的合理衔接，为卖家的生产提供了充足的时间，从而降低了库存成本、物流成本及生产成本等相关流程成本。

⑦品牌建设。品牌价值是公司的一项无形资产，反映着公司的知名度，有了知名度，公司才具有凝聚力和传播能力，这都直接影响公司产品的市场占有率，会对公司业绩产生很大的影响。消费者获取信息的途径繁杂多样，跨境电商企业建设自有品牌以与其他竞争者区分开来是非常有必要的。

⑧信息共享。大数据时代产生的信息爆炸使跨境电商相关企业在获取有效信息方面存在障碍，获取信息不足或获取错误信息都会导致企业做出错误的决策。企业的信息共享能力决定了企业能否在政府层面、行业层面和消费者层面收集到有价值的信息，并据此做出正确的决策，实现资源的最佳配置。因此，信息共享水平可以直接影响企业的竞争力。

⑨服务水平。消费者在获得较好商品质量的同时也希望获得较好的服务质量。因此，在跨境电商的交易营销前期，企业必须确保网站、网店的营销页面上的产

品以一种比较美观的角度呈现给消费者；在营销中，针对购买者的询问，企业还需要提高客服的反应速度，以缩短购买者的等待时间；产品销售后，公司需为买家提供一定的售后服务，售后服务水平会对老客户的稳定性产生很大的影响。对不同的公司来说，其服务意识和服务质量有着很大的区别，其竞争力也反映在这些区别中。

⑩客户反馈水平。客户反馈水平主要指跨境电商企业获取客户反馈信息的渠道是否通畅，即企业能否在第一时间得到客户的真实消费体验信息。反馈包含了顾客的积极感受、受挫感和痛点，反映了顾客接受企业产品或服务的原因和不接受企业产品或服务的理由，企业可以据此进行针对性的改善，以提高客户满意度。客户越满意，忠诚度就越高，推荐率就越高，这是一个正向的循环，可以显著提高企业竞争力。

⑪创新水平。企业的创新可以体现在很多地方，如制度创新、技术创新、管理创新、战略创新等。创造性是企业创新发展的主要特点，即企业技术创新中所开展的活动与以前相比有着显著的进步，一方面表现为企业开发出新产品、新工艺或企业在产品、工艺方面的显著改进，另一方面表现为企业组织结构、经营制度、管理方式上的变革。对于跨境电商企业来说，创新是获得较强竞争力的必经之路。

第三章　跨境电商人才培养现状

与一般电商人才不同，跨境电商人才需要具有国际化视野、能够适应全球化市场、掌握高端复合的专业技能。目前不少学校为适应跨境电商的发展培养了大批具有国际贸易知识或电子商务技能的学生，但还是存在各种问题，制约了跨境电商的发展，也影响了中国适应并参与全球供应链变革的进程。本章分为跨境电商人才的界定、跨境电商的人才需求、跨境电商人才培养的现状与问题三部分。

第一节　跨境电商人才的界定

一、跨境电商人才的相关定义

（一）人才

人才的概念，是随着时代的发展而不断变化的，而且在不同的层面人才的概念也并不相同。

首先，在国家层面上，1982年，我国首次把人才定义为具有中专以上学历和初级以上职称的人员。自此之后，人才内涵不断丰富，整个社会也逐渐形成了尊重人才、尊重知识的良好氛围。近几年，我国对人才的认定有了新的标准，认为人才是具有一定专业技能和专业知识并且能够发挥创造性价值而且对社会有贡献的人，更加侧重于人才的贡献性、专业性以及创造性这几个特征。

其次，从学术层面而言，对人才的定义为"能进行创造性劳动"，换言之是指能做到独立思考，有创新意识，从而可以为经济发展贡献力量的人才。

最后，在社会层面上，基本上是指具有一定学问、素质和学历的人。

（二）跨境电商人才

基于跨境电商的特点，跨境电商运营人才要熟练地掌握电子商务的专业知识，熟悉电子商务运营管理，以为不同语言环境的客户提供更优质的服务。随着时代的发展，仅仅掌握这些基本知识是不够的，还要熟悉国内外当季流行的主流产品、不同客户的需求特点，以及懂得不同国家的贸易实务。

总而言之，跨境电商人才指位于各类跨境电商企业集团、国家政府及社会组织等单位的跨境电商事务前线，能满足社会主义市场经济发展需求，具备优秀职业素养与技术能力的，熟悉国际贸易和电子商务的基本理论知识的，并能独立操作多种电商平台进行网络营销和创新创业活动的高素质技术服务型人才。

具体来看，跨境电商人才可分为入门级人才、中级人才和高级人才。通过学习并熟练使用跨境电商相关专业性知识及其延伸的相关技能的人才被划分为入门级别；而具有进一步探索如何跨境电商活动的能力以及能够采取一定行动实现目标的相关人才已达到中级水平；高级水平的跨境电商人才需要从战略性角度以及经济发展角度采取行动，创建相关合作平台，有目的地探索跨境电商行业的现状以及未来的发展趋势，精准明确地知道未来该如何运转此行业。

二、跨境电商人才的岗位职责

（一）跨境电商产品部人才职责

1. 产品开发人才

产品开发人才的工作主要包括：制定公司的产品研发方案、进行产品的设计与集成、将产品设计转换成实物、成本的计算与控制。

当然，在正式研发产品前，他们还必须对产品所面对的市场进行充分的调查，以保证所研发的产品能够满足市场的需要。产品开发部门一般由产品开发总经理负责，下面再细分为设计部和生产部。

（1）设计部岗位职责

①负责产品开发设计，制订设计计划。

②确定产品设计风格、款式、特征。

③定期汇报设计进度。

④成本控制。

⑤定期与生产部沟通产品设计、打板情况。

（2）生产部岗位职责

①制订生产工作计划，编制工作计划表。

②编制工作进度安排表。

③确保样板按时完成、保证产品质量。
④定期向设计部汇报工作进程。
⑤向设计部反馈有关的问题,并协商解决。

设计部门和生产部门之间要有密切的交流。设计部的工作人员要将自己的设计方案和计划及时上报到生产部,保证产品的可操作性,同时,生产部的工作人员也要定期将问题反馈到设计部,以便对设计进行改进,从而达到更好的效果。两个部门的负责人则需要定期向产品开发总经理报告,产品开发部门需要互相协作,帮助对方完成工作任务。

2. 产品采购人才

(1) 产品采购专员

产品采购专员岗位职责,如表3-1所示。产品采购专员主要负责公司所售货物的采购工作,并定期制定采购计划,并与供货商进行定期磋商,以保证其能够正常供应产品。

当然,在采购过程中,产品采购专员还应对库房中的存货进行盘点,看看是否有积压、过期、腐蚀等问题,以便及时进行处置,并且及时调整采购进度,避免再出现存货浪费。

表3-1 产品采购专员岗位职责

工作任务	具体内容
确保商品采购	定期掌握各个部门的商品销售情况,发现供货量短缺时,要与供应商联系,若供货量超过销售量,导致存货成本上升时,应适当放慢采购进度,避免因货物过期或变质而造成浪费
供应	按一定的时间(一般是两周或一个月)制定一项采购计划。采购计划涵盖了产品的性能要求、数量、款式、外观以及关键商品的挑选等。当然,为了便于后续的采购,采购计划也必须对供应商进行筛选
拟订商品采购	包括从市场上进行集中采价、与供应商议价、协商具体的采购方案等
计划	包括检查各商品部的销售情况,发现畅销和滞销商品,处理滞销商品,整理存货、盘点等
具体采购	制订促销计划,销售特价商品,开展营销调研,掌握顾客的动态和竞争对手的促销策略

续表

工作任务	具体内容
商品管理	协助培训服务人员,让服务人员了解商品性能、特点等

(2)产品采购经理

产品采购经理岗位职责,如表3-2所示。作为采购部门的主管,产品采购经理必须具有良好的商业谈判能力、语言表达能力、协调能力、组织领导能力和成本意识。与前面所说的产品采购专员不同,产品采购经理的工作并不像采购部的产品采购专员所做的工作那么烦琐,而是要对采购部的总体情况进行宏观的调控和管理。

表3-2 产品采购经理岗位职责

工作任务	具体内容
审核文件	审核产品采购专员提交的采购文件,例如,采购合同、协议等,并对所支付的款项进行评审。既要控制采购费用,又要进行合理的定价
规划工作	负责采购部门的总体工作,制定采购工作流程,并组织实施采购
监督工作	监督相关产品采购专员的工作进度,监督下属按照规章制度执行工作任务
管理供应商	设计和改进公司供应商的审核和认证制度,建立一个完善的供应商成本评价体系,以确保供应商提供的产品与公司的需求相一致。与供货商保持紧密的联系,与多个供货商建立良好的合作关系,以保证公司的长期发展
市场调研	参与实施市场调研,熟悉市场行情
控制成本	编制年度采购计划与预算,拟订采购部门的工作方针与目标,控制采购成本
员工管理	要随时了解下属的工作进展,并及时处理员工在工作中遇到的问题。定期听取下属的工作汇报,提供意见及建议

(3)产品采购跟单员

产品采购跟单员岗位职责,如表3-3所示。产品采购跟单员的职责是帮助产品采购专员和采购经理进行有关的工作。当产品采购专员购买商品时,由采购跟单员全程跟进，并负责产品质量、销售、售后等方面的检查与服务，保证所购商品的质量与公司的需求相符。

表3-3 产品采购跟单员岗位职责

工作任务	具体内容
资料整理	向供应商索要发票、相关质量证明文件，整理供应商的基本资料
录入信息	根据采购计划，录入、制作采购订单及采购合同
风险控制	分析采购交货风险，及时把握各部门的生产能力及供应商的生产状况，确保按时交货；如有问题，能够及早发现并提出有效对策
账款管理	每月与供应商核对账目，确保账款无差错

3. 产品盘点人才

（1）库存分析专员

库存分析专员岗位职责，如表3-4所示。库存分析专员对库存进行监控、分析，并为库存分析提供数据。他们还必须对存货管理体系进行优化，以减少存货管理费用。此外，在存货盘点过程中，库存分析专员要针对不同的原因进行深入的剖析，并提出相应的解决办法。

表3-4 库存分析专员岗位职责

工作任务	具体内容
库存分析	协助库存分析主管进行库存盘点，分析库存每日的出库、入库情况
库存控制	不断优化库存控制系统，减少库存控制成本，对影响库存的各个环节（销售出库、过账及时性、库存调整等）进行监控
处理物料	分析物料损耗，处理呆滞物料
资料提供	提供库存分析日报、周报、月报等重要的资料
差异分析	独立进行盘点差异分析，找出差异原因上报库存主管

（2）仓储系统操作员

仓储系统操作员岗位职责，如表 3-5 所示。与库存分析专员相比，仓储系统操作员的职责是记录和处理存货的数据，同时，他们也会负责有关库存的其他工作，例如，仓库的整理。

表 3-5　仓库系统操作员岗位职责

工作任务	具体内容
数据录入	对每日来货进行数量核对、质检、上架，定期对在库物料进行盘点，提供数据
数据处理	根据要求，在仓储系统里录入数据，编制盘点报表
仓库整理	库存管理（盘点，严格按照规定进行出入库等），粘贴运单等

4. 产品检查人才

（1）质检员

质检员主要负责公司所采购产品的质量检测，当发现不良产品后，质检员需要及时联系供应商进行改善，并向汇报上级。

（2）认证工程师

认证工程师岗位职责，如表 3-6 所示。认证工程师应具有很高的职业素养。他们必须通过国家统一的考核，才能进入工作岗位。

公司的出口认证工程师主要负责对公司的相关资质进行审核，以保证公司产品的研发、采购与国内的法律法规一致。此外，还要负责产品测试、专业指导，以及相关的审计材料的管理。

表 3-6　认证工程师岗位职责

工作任务	具体内容
优化流程	优化公司认证管理及申请等相关流程，确保认证相关工作的专业性和规范性
分析评估	根据产品的发展需要，对有关国家和区域的最新的质量认证标准和要求进行分析和评价。保证产品与目的地和区域的法律法规相一致
合规检查	检查供应商或第三方提供认证的合规性和有效性，确保拟出口产品认证齐全且合法合规
产品测试	根据需求组织落实产品测试、认证的收集或申请及进度管理等相关事务

续表

工作任务	具体内容
专业指导	指导产品、采购、物流等部门严格按认证要求进行产品的开发、采购和出口
资料管理	建立并管理产品认证资料库，落实认证资料的审核、归档与管理

（二）跨境电商市场部人才职责

1. 市场部总监

市场部总监岗位职责，如表3-7所示。

表3-7 市场部总监岗位职责

工作任务	具体内容
战略规划	制定并实施公司的中长期销售目标
制订计划	整合相关资源，制定电子商务品牌推广方案。按照公司的战略计划，对电子商务业务进行全面的管理
实施计划	负责建立、维护跨国电商团队，制定运营策略、方案并组织实施，并领导团队实现目标
监督控制	监督公司的市场行为，迅速响应市场需要，保护消费者的权益
工作激励	承担或参与建立公司文化的工作，做好组织、激励工作

2. 海外营销专员

海外营销专员，顾名思义，就是从事国际市场的销售工作的人员。由于跨境电商业务往往涉及多个国家和地区，因此，在跨境电商公司中，海外营销专员是一个非常关键的因素。他们能让公司更好地掌握国际市场的情况，更好地理解国外的顾客需要，以便公司更好地制定产品策略。同时，他们还必须针对不同的国家和区域，制订出不同的销售计划，并执行相应的营销计划。因为理解外国文化是做好海外市场的先决条件，所以海外营销专员更需要具备对文化差异的领悟能力。

3. 店铺营销推广人员

店铺营销推广人员岗位职责，如表3-8所示。大部分的跨境电商业务都是在线上完成的，很多跨境电商公司都有自己的网络商店。店铺营销推广人员的工作就是利用多种营销方式，为跨境电商企业创造一个可以吸引顾客的店面，以此来增加销售业绩。

表 3-8　店铺营销推广人员岗位职责

工作任务	具体内容
制订计划	根据公司的销售战略，制订跨境电商店铺产品营销推广计划
网络营销	通过外国媒体、博客、论坛、社交软件、搜索引擎等来提升网站的点击率、浏览量和关注度
提升品牌形象	从营销角度参与公司产品主推，并将其打造成爆款，提高销量，提升品牌形象
跟进推广	对所推广的产品的推广成效做出基本判断和评估，及时跟进推广效果
调整	注意并查看在跨境电商平台上促销商品的销售情况和排名，若店铺的宣传效果不理想，或达不到预期，则要及时调整促销方式

（三）跨境电商运营部人才职责

1. 跨境电商平台运营主管

跨境电商平台运营主管岗位职责，如表 3-9 所示。跨境电商平台的运营主管是跨境电商运营部的战略导向。运营主管要为公司运营部门制订中长期发展策略，适时地对不适当的管理制度与系统进行调整，并组织、监督下属完成各项基本目标。

表 3-9　跨境电商平台运营主管岗位职责

工作任务	具体内容
目标管理	制定公司发展战略、经营指标和年度经营计划，按照公司的中长期发展战略和经营计划，促进和保证各项业务指标的实现
流程和制度管理	建立并完善公司的运作系统
经营分析	对公司的经营数据进行统计分析，发现问题并进行改善
项目管理	公司级或跨部门项目的规划、组织、推动与落实
其他方面	研究企业运营中的问题，针对企业的实际状况，制定切实可行的解决办法；不断提高经营能力

2.跨境电商平台运营客服

跨境电商平台运营客服的工作主要是与顾客保持良好的交流。他们要处理顾客的各类问题，包括咨询、售后、投诉等。除此之外，还有一些杂七杂八的事情。例如，要掌握店铺的经营状况，要能及时地处理订单、按时上架或者下架商品、对商品信息进行编辑、对商品信息进行优化、对账号出现的异常问题进行及时处理，使账号能够正常运作。一般而言，跨境电商平台的运营客服要求英文熟练，以方便与外国客户进行沟通。

3.跨境电商平台运营专员

跨境电商平台运营专员岗位职责，如表3-10所示。跨境电商平台运营专员主要负责门店的基础运营。他们要设计商店的网页，在网站上进行文字的编辑，为商品撰写合适的标题。此外，他们还会进行一些基础的数据分析，例如，什么时候上架，什么时候下架，产品销量的排名以及波动情况，分析爆款产品的型号与类型等。跨境电商平台的运营专员还负责门店的营销策划和广告发布。同时，还要确保店面的经营情况健康、良好，以满足顾客的基本需求。

表3-10 跨境电商平台运营专员岗位职责

工作任务	具体内容
网页管理	网站系统、功能、模块、流程的设计；网站模板设计；网站图文信息编辑；网站引擎优化
产品管理	负责产品推广、发布、上架以及信息更新，优化关键词，负责安排上传产品，将产品发布至店铺网站
推广计划	负责市场调查及分析竞争对手的状况，制订推广计划
店铺完善	保持店铺的好评率和良好的信用度
客户管理	处理客户订单并跟踪订单进展状况，确保订单按时完成

（四）跨境电商技术部人才职责

1.技术专员

技术专员岗位职责，如表3-11所示。跨境电商公司的技术人员主要有翻译、平面设计师、摄影师和平台维护专员。这些职位往往要求有一定的技术水平，或者有相应的职业资格。当然，他们的工作需求并不局限于职位名称，例如，跨境电商的平面设计师除了要有相应的美术设计、图文设计技巧外，还要有市场推广的技能。只有综合利用多种技术，才能满足不同用户的需要，为公司创造利润。

表 3-11 技术专员岗位职责

工作任务	具体内容
翻译	与营销部、产品部共同编辑各类促销活动的文案；完成上级指派的其他任务
平面设计	负责公司品牌与产品的平面图设计与优化，包括商标、海报、包装等的设计；负责公司网站的设计和制作等；在公司产品的图案、颜色和结构设计上进行修改和优化；完成其他设计工作
摄影师	负责产品的拍摄；负责选择所需的图像并进行抠图；利用录像进行产品的拍摄，进行摄影创作
平台维护专员	负责处理、跟踪电子商务渠道的顾客订单，为各电子商务网站的用户提供信息咨询服务

2. 技术总监

技术总监岗位职责，如表 3-12 所示。技术总监与其他部门主管一样，负责制定并执行本部门的经营策略。他们的职责是在技术上进行决策，并根据公司的发展情况制定相应的技术策略，指导和领导技术部门的工作人员完成既定的目标。技术主管还必须壮大技术部门的骨干力量，确保其技术水平满足部门的要求，还要注重提高部门整体的技术水平。

表 3-12 技术总监岗位职责

工作任务	具体内容
公司决策参与	参与公司高层的决策活动，向首席执行官汇报
发展战略规划	负责制定公司的技术与产品发展战略，并按公司的发展战略进行组织策划，并以技术推进公司的总体战略
团队管理	全面负责公司日常的运营管理，以达到公司的运营目标

续表

工作任务	具体内容
产品技术研究	负责公司的技术开发，确保公司技术领先，巩固公司的核心竞争能力
团队建设	负责建立一支稳定、高效的技术开发队伍

三、跨境电商人才的素养特征

（一）较强的计算机操作能力

对于跨境电商的从业者而言，无论是前期的市场调查、跨境营销，还是中期与客户的沟通以及后台商品的管理等都需要熟练掌握计算机操作技巧，具备在阿里巴巴、中国制造网、环球资源网等跨境电子商务平台上进行营销运营的能力。因此，数字经济背景下，往往要求跨境电商的从业人才除了具备基本通用的计算机知识之外，还要能够在电脑端和移动端熟练操作各种专业软件。

（二）较高的数据分析挖掘能力

跨境电子商务具有批量大、周期长、数据量大的特征。不同于国内贸易，跨境电子商务大多建构在虚拟环境中。因此，跨境电商人才需要通过数据挖掘技术，把握店铺的数据信息、了解消费者的消费偏好、分析市场趋向。因此，相对于传统的电子商务人才，数字经济背景下的跨境电子商务人才更需要注重数据要素的价值，要求能够借助数据分析工具，进行线上线下的大数据分析，挖掘海量数据内在的商业逻辑。

（三）较高的语言应用能力

在跨境电商的背景下，由于会接触各式各样的消费群体以及企业，所以要求电商人才应当具有一定的外语沟通能力。外语种类不单单包括英语，还包括日语、西班牙语、法语、德语、韩语等各种语言，掌握程度也不仅仅是指日常对话，更要求对商贸交易的专业术语可以精准表达，从而确保业务谈判顺利进行。为此，数字经济背景下，跨境电商人才根据业务特征，需要了解两三种小语种的商务用语，以及熟悉各种翻译软件的应用方法，这些都应该是当前跨境电商人才必备的技能。

四、跨境电商人才现状

（一）跨境电子商务人才缺乏

近年来，我国跨境电商发展迅速，同时，市场规模不断扩大。随着跨境电子商务的迅速发展，对相关产业的人才需求不断增加，而这一需求的增加不仅表现在数量上，还表现在质量上。跨境电商是一个新兴的产业，许多相关人员之前都是传统国际贸易、国内电子商务、零售业等领域的从业人员。虽然与跨境电子商务行业的需求存在一些共性，但是仍不相同。随着国际贸易市场的迅速发展，对国际人才的需求量不断增加，对跨境电商人才的需求量也越来越大。通过对教育部数据库中的跨境电子商务专业的招生情况进行调查，并且对比各大网站上的跨境电子商务人才的需求量，得出了一个结论，那就是，我国学校的跨境电子商务专业数量相对较少，目前的人才主要集中在高等院校，而目前的高校在人才培养和培训上，已经跟不上国际电子商务发展的需要。从国际电子商务人才的需求和供应水平来看，无论是在数量上，还是在质量上，都存在着严重的供不应求现象，人才严重不足。

1. 外语外贸人才奇缺

跨境电商当前面临外语外贸人才奇缺的困境。国内大多数跨境电商企业都面临这一难题。懂外贸工作且外语水平高的人才极少，人才缺口很大。大部分企业没有找到专业化、国际化的人才，在业务发展中陷入困境。

近年来，虽然企业通过招聘获得了一批专业对口的人才，但是，由于学校以理论教学为主，学生的实操经验不足，其无法完全实现理论与实践的结合，难以满足企业的人才需求。不少企业招聘的人才在短时间内大量流失。

2. 复合型人才匮乏

目前，跨境电商行业更加需要复合型人才。然而，高校培养的人才技能较为单一，尚未设置专门的跨境电商专业，导致高校输送的人才与企业需求不相匹配，影响了跨境电商的发展。从应届毕业生数据来看，在麦可思公布的2021年度就业率较高的本科专业排名中，电子商务专业本科毕业生毕业半年后的就业率为93.2%，毕业生平均月收入为5863元（2020年度平均月入为5745元、2019年度为5368元等）；毕业时基本工作能力的满足度只达到88%，工作与专业的相关度更是只达到56%。从就业满意度情况来看，麦可思公布了电子商务本科专业男生满意度为73%左右，高于平均水平三个百分点，并列排名第15位；而在女生就业满意度上，电子商务专业没有进入前20名。从上述电子商务专业本科毕业生就业情况来看，该专业的毕业生就业率还是比较不错的，但整体就业质量还是比较堪忧，这也是很多网友在高考志愿填报时并不建议报考该专业的理由。由此可见，跨境电商复合型人才培养迫在眉睫。

传统教育模式培养的外贸人才难以满足跨境电商行业发展的需求。随着跨境电商的迅速发展，对复合型人才的需求越来越大。然而很多学校培养的人才素质与企业需求不相匹配。尽管每年都有大量毕业生入职，但是其知识结构、能力断层明显。跨境电子商务在全球化背景下不断发展，被赋予了全新的概念。目前，学校给企业输送的主要是国际经济与贸易专业人才，与企业所需的跨境电商人才还有一定差距。主要是由于这部分人缺乏实际操作能力，难以将专业知识融会贯通到实际操作上。跨境电商需要复合型人才，一方面要具备一定的理论基础，能够很好地与人沟通交流；另一方面要具备实践操作能力，熟练掌握数据分析等技能。由于跨境交易涉及各国的政治、经济、文化，所以要求从业者储备电商、国际物流等基础知识，能够很好地进行沟通交流，还应具备扎实的计算机处理能力和网络技术能力。

（二）高校人才培育与市场需求错位

跨境电子商务正处在一个成长的阶段，不仅有阿里巴巴、亚马逊、京东、敦煌网等大型跨境电商公司，还有数量庞大的中小型跨境电商企业，以及很多的个人也在做跨境电子商务业务。不同规模的公司对跨境电子商务人才的需求种类和技术要求也不尽相同。目前我国很多学校的培养体制与企业的现实需要脱节，这既与学校的培养目标有关，也与各学院的教学大纲、培养计划以及教师群体有关。

（三）初级与中高级人才比较缺失

跨境电子商务产业比其他相关产业发展得更快，因此，相关环节，包括人才，都不能满足其需求。跨境电子商务人才供应方面的匮乏，使其面临着严重的人才缺口。跨境电子商务人才的匮乏，不仅表现在初级层次，也表现在中高级层次，特别是高端人才十分紧缺。

中高层次的人才要有生长的土壤和时间。跨境电子商务产业发展历史较短，没有给人才成长和发展留下充分的时间。跨境电子商务对高层次人才的综合素质要求尤其高，既要具备一般的经营和管理知识，还要具备一定的语言能力并对跨境电子商务的业务流程和模式有所了解，因此，这又加剧了中高级人才的短缺表征。在目前的跨境电子商务产业中，由于缺乏中高层次的人才，企业之间的人才竞争十分激烈，同时也加剧了企业之间的"挖人"行为，造成了大量的人才流动。跨境电商产业发展迅速，进入门槛低，很多人在获得一定的技术、知识或经验后，就会选择离职。由于地理位置的不同，这些中高层次的人才往往会流向东部沿海地区，特别是北上广深等大城市，同时也会向更好的发展平台迁移，从而加剧了人才的紧缺。因此，跨境电子商务人才的匮乏，不仅体现在初级层次，还体现在中高层次，由此造成了全面的人才紧缺。

（四）人才招聘、人力资源管理面临挑战

随着我国跨境电子商务的迅速发展，人才供给的紧缺问题给我国跨境电商企业的发展带来了极大的压力。其中员工招聘压力占了最大比例，员工离职压力次之，此外，员工培训压力也比较大。尽管每年有数以万计的跨境电商专业毕业生，但由于上述原因，目前公司仍然难以找到合适的人才。

跨境电子商务公司之间的挖人行为十分普遍，特别是对高端人才，高薪、期权和股权激励已成为公司的常态，而在具体的招聘和创新上也面临着更大的挑战。与员工的离职有关的因素中，报酬是最重要的影响因素。"90后"已经是社会上的主要就业人群，而"90后"群体的行为特点是追求个性、追求独立性，这些都使其面临着更大的挑战。

（五）人才招聘与管理成本居高不下

跨境电子商务人员短缺导致企业对人才的招聘需求急剧增长，而在合适的人才还没有到位之前，由于人员短缺，公司运营成本极速上升。

大部分跨境电商公司的招聘费用都很高，这与目前的人才市场供需状况有很大的关系，而人力资源的短缺也会造成招聘时筛选成本的增加。企业难以找到适当的人才，难以招揽人才。

在高端人才的招募上，许多跨境电商企业都借助诸如猎头等专业的人力资源渠道来进行招聘，从而使企业的招聘成本更高。另外，招聘本身也存在成本，特别是在招聘规模和渠道多元化的情况下。

"90后"已经是我国目前的主要就业人群，但其职业规划尚有不完善之处，且离职率较高，使跨境电商公司的人员更替成本增加。

我国许多跨境企业还处在发展的初级阶段，在管理制度、组织制度、激励机制等方面都有许多缺陷，而且随着企业内部和外部市场的不断变动，企业的人力资源管理成本越来越高。

五、跨境电商人才核心矛盾

（一）电商物流行业互信度低，人才交流成本高

跨境电商和国际物流企业间的互信程度不高、信息阻碍以及人才培养的不互通导致企业之间未能形成信息互通的协同局面。跨境电商和国际物流企业之间，由于管理人员对彼此的运营能力的了解不深入，双方之间的评估存在偏差。国际物流企业无法准确地预测跨境电商的交易规模，跨境电商企业无法准确地评估物流行业的承受能力以及配送网络的具体时效。行业之间的沟通效率低以及信息闭塞导致企业员工之间的非正式交流少、交流成本高，难以发挥知识的溢出效应，不利于行业的整体发展。例如，跨境电商企业在进行商品预售等活动时，不会将预测的销售数量透露给国际物流行业，因此国际物流行业对交易规模预估不足，往往采取保守的策略，导致运力紧张，甚至会出现丢件等情况。跨境电商和国际物流的从业人员往往不具备沟通的客观条件，彼此交流不多，跨境电商行业人才对国际物流行业的选址、建仓、运输网络建设等问题认识不足；国际物流人才对跨境电商的用户拓展、出单等业务不了解，在电商和物流这两个环节中资源无法得到有效利用，这也是造成跨境电商与国际物流行业之间互信度低的主要原因。

（二）市场增长与人才供给不足

跨境电子商务的发展速度很快，每年约有30%的增速，特别是外贸、零售等大型企业，都在向跨境电子商务转变或者已经进入跨境电子商务领域，这就促进了跨境电子商务的发展。

跨境电子商务的从业人员大多来自传统的国际贸易、电子商务等领域，其人才储备相对较少，各专业院校的人才输出水平较低，与企业的实际需要有较大的差距，这就造成了跨境电子商务市场的快速增长与人才供给不足之间的巨大矛盾。这种矛盾对跨境电子商务的发展产生了严重的影响和限制。

（三）企业利润下滑与人力资源成本的攀升

跨境电子商务尚属新生事物，随着参与公司数量的迅速增长，其市场的竞争也越来越激烈。跨境电商行业之间的价格战、流量大战已经成为一种常态。激烈的价格竞争，使传统的"蓝海"迅速向"红海"发展，电子消费品、化妆品等传统的商品表现得更为明显。这一切都是造成跨境电商公司盈利额大幅下降的原因。跨境电商企业的人力资源紧缺，整个产业的人员流动比率高，人员流动频繁，人力资源管理、薪酬成本、员工关系等都面临着严峻的考验。公司利润的逐步下降

和不断上涨的人力资源成本之间的矛盾十分明显。这种矛盾已成为制约和影响跨境电子商务发展的一个主要因素。

(四）企业需求与传统教育模式的矛盾

跨境电商对人才的要求尤其体现在质量、技能、知识等各方面。跨境电商需要的人才更多的是实务人员，而对专业知识和理论知识的要求相对较低。我国部分学校在专业设置、课程设置、教学目标等方面与企业的现实需要脱钩，造成了企业和传统的教学模式之间的矛盾。学校在课程设置上不能与国际贸易迅速发展的速度相适应，知识结构的更新能力不强，特别是现行的理论体系不能有效地指导实际工作。教育目的与现实生活脱节，传统的教育体制下的学生过分注重学业和应试，而没有真正理解企业对人才的需求。

第二节 跨境电商的人才需求

一、跨境电商的人才需求现状

(一）数量需求

随着我国跨境电商的规模日益扩大，我国跨境电商人才存在较大缺口的问题日益突显。近年来跨境电商数量呈现持续增长态势，截至2020年10月全国现有跨境电商企业80.62万家，相较于2017年的61.25万家，增加了19.37万家。据《"十四五"电子商务发展规划》的数据显示，至2025年我国电子商务领域相关从业人数将达到7000万，未来几年，预计我国电商人才缺口达985万。

作为国际贸易新业态和新模式，跨境电商发展态势强劲，跨境电商的人才抢夺战已经打响。一方面，随着碎片化的订单的增多以及整体国际贸易形势的低迷，传统外贸企业不得不转型为跨境电商，亟须解决的问题就是建立人才培养体系。另一方面，跨境电商进入精细化运营时代，平台门槛提高，竞争加剧，海量铺货的时代已经完结，企业唯有依靠人才提高自身技能以适应市场的发展。以福建省为例，近年来福建省跨境电子商务飞速发展，跨境电商企业在厦门、福州、莆田和泉州大量涌现，对跨境电商人才的需求猛增。

跨境电商行业不仅要求从业人员应该具备跨境网店及平台的营销、经营、管理等实操能力，更需要具备跨境货物通关、运输、追踪能力，纠纷解决等沟通能力,同时需要具有跨境口语等语言能力和跨境电商合同起草和跨境电商单据制作能力,还需要掌握国际贸易的基础知识如合同标的物、磋商谈判、海运空运货代、报关报检、汇兑结算、贸易惯例和法律法规等,故跨境电商行业需要的是具备多项综合应用能力的专业人才。跨境电商属于近几年发展起来的行业,需要的人才量非常大,可是能够同时具有上述知识储备和专业能力的从业人员并不多,大部分都是由原来的国贸从业人员转型而来的。另外,绝大部分开设有国际商务专业的院校还不能如此快地开设跨境电商专业,无法向社会提供足够的跨境电商专业的毕业生,这也导致目前跨境电商行业的人才缺口非常大。

1. 交易企业的人才数量需求

对于跨境电商交易企业而言,其对人才的需求十分迫切,但是需求的规模并不是很大。导致该问题的主要原因有两个:其一,跨境电商交易企业对人才有更高的要求,不仅要掌握传统的外贸人才应有的技能,也要掌握利用电商平台推销企业产品到海外市场的技能,而当前市场上缺乏该类人才,导致企业的需求无法得到有效满足。其二,跨境电商交易企业多为民营企业,规模相对较小,受限于人力资源成本,企业对人才的需求规模并不是很大;如今的大部分交易企业由传统外贸企业或电商转型而来,所以大部分交易企业是私营企业,企业人员规模大部分在50人以下,不难发现,交易企业中有90%以上是私营企业,60%的企业规模在50人以下,近40%的企业规模少于20人,只有不到30%的企业规模在50人以上。

2. 平台企业的人才数量需求

跨境电商交易企业能够实现全球市场消费者的买卖行为,以互联网开发、平台研发为主的跨境电商平台企业是其背后不可或缺的重要推手,与此同时,交易企业的持续扩张也助推了平台企业的发展。平台企业主要关注人才的技术研发能力,是典型的互联网类型企业,人员构成以技术人员为主。众所周知,该行业的从业人员寻求更高的薪资或更好的发展平台,导致人员流动性远高于其他行业,加之在跨境电商快速发展的背景下,平台企业对人才的需求规模更是远高于交易企业。

3. 服务企业的人才数量需求

除了跨境电商交易企业、平台企业以外,国际物流、货代、跨境支付、结汇、海外仓等跨境服务企业也在布局,为交易企业以及平台企业的发展配套了支撑体系，并在逐步完善跨境电商服务体系。随着跨境电商服务企业的迅速发展，其对人才的需求也在日益增长，不同于交易企业与平台企业，服务企业对人才的要求更高，无论是提供跨境支付的服务，还是提供结汇服务，都需要全面的能力来应对各种可能问题，而人才市场上一直都很紧缺该类人才，造成企业人才缺口很难得到及时填补。

（二）能力需求

针对跨境电商企业的实际需求，符合学历和专业要求，具备国际视野和政策敏感度，具有国际贸易、平台操作、商务英语等知识和能力的复合型人才备受企业青睐。

1. 学历和专业要求

目前，跨境电商企业对招揽的员工的素质水平和文化程度有着一定要求，通常对大专以下学历的人士说"不"，本科学历及之上的人士占比超过了20%；对学科专业的要求方面，大部分选用国际贸易以及电商和英语类专业性人才，对市场营销专业的人士也给予考虑。

随着跨境电商行业的快速发展，当前的人才存量及人才结构明显跟不上发展的要求，虽然高校每年有大量的毕业生进入社会，但是学生的专业结构、知识结构等都与企业的实际需求不符。因此，只有明确了跨境电商企业比较倾向的应届生专业，才可以为高校培养人才提供明确的方向，同时缩小企业的人才需求标准与实际高校应届生之间的差距。跨境电商交易企业更倾向的跨境电商人才的专业中，国际贸易实务、商务英语以及电子商务专业位列前三。这一方面反映出跨境电商交易企业的核心是"跨境"，即国际贸易是跨境电商发展的核心，另一方面也反映出"电子"只是跨境交易的一种载体或者桥梁，其增强了跨境交易的便捷性。因此，在进行跨境电商交易的时候，懂得国际贸易准则法规、能够与不同关境的交易商进行沟通交流谈判的国际贸易实务与商务英语专业的人才更能满足交易企业的要求。在跨境电商平台企业中，企业最倾向选择的三个专业分别是计算机、国际贸易以及商务英语。对于平台企业而言，主要以平台研发、互联网开发等为主，技术型人才是企业发展的主力军，因此，企业也更加需要计算机专业的人才。部分平台企业不仅自主研发交易平台，而且研发自主品牌在平台上营销，导致企业对国际贸易以及商务英语专业有较大的选择倾向。对于跨境电商服务企业而言，大多数企业更倾向于选择市场营销专业的应届生,原因在于市场营销专业的人才可以帮助企业拓展客户、开拓市场,该专业人才主要从事服务型产品的规划、市场渠道的开拓与管理以及市场促销活动的执行或管理;国际贸易实务及电子商务是仅次于市场营销专业企业比较倾向选择的两个专业。

2. 跨文化素养及交际能力

首先,跨文化素养是跨境电商人才必须具备的职业素养,跨境电商人才既要精通我国的传统文化,又要了解其他国家的经济、文化及风俗习惯,自身还要拥有较高的人文素养,能够客观看待世界文化。

其次,跨境电商人才还要具备跨文化交际能力,拥有全球化意识,精通国际惯例及各国的文化礼仪,通过良好的思维能力及适应能力妥善处理人际关系及遇到的问题,顺利完成交际任务。

员工的外语掌握能力以及沟通实力的强弱能够影响到企业的发展,许多公司在招聘人才过程中都会对面试者的外语水平有所要求。在市场调研、商品发布以及平台管理等众多方面都需要运用外语。大多数公司将外语门槛设定为大学四级、六级以及专四、专八等等级来对面试者进行筛选。当前我国市场经济发展过程中,以福建省的企业为代表的众多公司将发展方向投向欧洲,因此相关语言型人才的招揽力度增大。

3. 行业经验和平台操作能力

工作经验要求因岗位不同而不同,级别越高,工作经验要求也越高。一般的跨境电商运营岗位基本要求 1 年及以上的相关工作经验,占比 54.2%,要求 2~3 年工作经验的占比 28.9%,要求 3~4 年工作经验的占比 9.6%,无工作经验要求的占比 7.3%。由此可见,跨境电商企业比较重视应聘者的工作经验。

总而言之,大多数企业在招聘人才时会提出要求面试者具备超过 1 年的跨境电商平台操作经历。其中对掌握 Amazon、eBay、Wish 等平台操作经验的人择优录取。除了熟悉和掌握不同的平台规则和业务流程,应聘者还需具备对不同平台之间的差异进行分析的能力。

4. 外贸服务能力

跨境电子商务作为国际贸易新业态,需要人才具备一定的外贸服务能力。例如,B2B 业务中涉及商务信函的写作、各种外贸单据的填制。跨境电商人才应熟练掌握外贸服务的相关流程，具备报关、报检等通关能力，以及能正确使用信用证、电汇等结汇工具。

5. 国际视野和政策敏感度

我国有些省市有自贸区、跨境电商试验区等政策优势，不同区域的扶持政策存在差异。同时不同区域也有明确的产业分工。例如，福建省的平潭区域内优先发展港口商品流通，福州则注重现代化产业发展，而经济实力相对突出的厦门则趋向于高科技水平方向的研究。地区差异使得其商务发展方向各不相同，因此需要跨境电商人才具备国际视野、政策敏感度和判断能力。

6. 互联网营销能力

互联网营销能力指需要跨境电商人才能通过大数据收集和整理来分析消费者的消费倾向、消费习惯、消费心理和消费需求；能借助搜索引擎、网络广告、网络社交软件等媒介进行网络营销；能熟练计划、实施整个网络营销活动并根据实际情况调整计划，最后对营销效果进行系统评估，再次改进营销方式。

7. 熟悉法律法规

跨境电商参与的主体都有着不同的法律背景，当然，跨境电商的运营和发展也受到各国法律的规范和约束，了解不同市场环境的法律法规以及与跨境电商相关的法律问题不仅是成功交易的前提，也为跨境电商的健康发展提供了保障。因此，熟悉跨境电商相关市场的法律法规及其变化是跨境电商从业人员的重要素养之一。

此外，伴随着跨境电子商务的发展，全球的贸易规则也在发生变化，跨境电商从业人员也需要及时了解国际贸易政策、规则以及关税等内容的变化。同时，尤其在近两年，对进出口形势的及时了解也是非常必要的，避免在交易过程中出现侵权问题。

8. 素质能力

在市场竞争日益激烈的今天，不仅需要学生拥有过硬的专业基础和扎实的专业技能，而且要求其具有较高的综合素质。企业对学生的素质要求：具有正确的价值观和人生观，具有良好的行为习惯，拥有创新精神和团队精神，拥有领导者思维和营销意识，拥有以客户为中心的理念，拥有全球思维和大局意识，拥有知行合一的学习态度，拥有良好的心理素质和抗压能力，拥有健全的人格，拥有良好的职业素养等。

（三）岗位需求

在清楚掌握不同类型企业所倾向的专业人才后，对于学校而言，可以按照企业的人才需求偏好考虑增加专业或调整不同专业的课程体系，以培养出更符合企业需求的人才，在人才的"供给端"保证人才的高质量输送。但是对于企业而言，最重要的是解决企业当前面临的最棘手的问题，即企业中最紧缺人才的供给，也即企业中哪个岗位的人才需求更迫切。

对跨境电商交易企业而言，能利用电商平台将企业产品销售到海外市场的人才是企业发展的中坚力量。在很多跨境电商交易企业中，对跨境电商人才需求最为迫切的岗位是营销类岗位（负责推广、销售等工作），其次是商务类岗位（负责采购、财务及质量管理等工作）、运营及策划类岗位（负责网店管理及活动策划等工作）、技术类岗位（负责网站编辑、美工设计及数据分析等工作）、进出口通关类岗位。说明交易企业最紧缺的还是营销型人才，即能够应用平台推销企业产品至海外市场的人才。以技术型人才为主的跨境电商平台企业最紧缺的是运营及策划岗人才（负责平台及网站的日常管理、数据分析、活动策划等工作）；其次是营销类岗位人才（负责推广、销售及代营销等工作）；技术类岗位人才（负责网站搭建、手机APP开发、产品设计及数据分析工作）、商务类岗位人才（负责采购、财务、物流及质量管理等工作）、风控类岗位人才（负责采购、交易、支付等工作）以及进出口通关类岗位人才。

对于跨境电商服务企业而言，大部分企业认为负责项目管理及活动策划的运营及策划类岗位存在人才缺口；部分企业认为负责产品销售和客户拓展等工作的销售类岗位存在人才缺口；同时也有部分企业认为负责市场开发、分析及公关等工作的市场类岗位存在人才缺口；而认为风控类岗位（负责合规评审、交易监控、法务等工作）以及产品类岗位（负责需求分析与设计工作）存在人才缺口的企业也有不少。通过对比跨境电商交易企业、平台企业与服务企业对不同岗位的需求，发现营销类、运营与策划类、技术与产品类、风控类以及通关类的人才匮乏，企业无法通过市场得到有效满足。

二、跨境电商的人才需求结构

（一）跨境电商的人才需求层级结构

初级（工具型）：初级（工具型）人才的特点是，初步掌握跨境电商运营技能，懂得如何在各大平台上进行操作。

中级（商务型）：中级（商务型）人才的特征是，熟悉跨境电商技术，熟悉跨境电商营销服务、商业大数据分析、用户体验分析、网络金融服务、跨境物流服务，了解跨境电商"能做什么"。

高级（战略管理型）：资深（战略管理）人才的特征是，精通跨境电商的前沿理论，能从战略高度洞察和预测跨境电商的发展规律，具备互联网前瞻性思维，知道如何引领跨境电商产业的发展，懂得"为什么要做跨境电商"。

目前，很多跨境电商公司都处于开拓阶段，急需工具型人才。随着公司业务的拓展，从事跨境品牌运营、能独立完成跨境电商业务或门店经营的中层商务人员将日益受到青睐。而拥有 3～5 年大型跨境电商经营管理经验、能够领导公司实现国际化发展的高级管理人才，更是行业内的稀缺性资源。

（二）跨境电商的人才素质要求结构

1. 初级人才素质要求

尽管对初级跨境电子商务从业人员的学历要求不高，一般大专或以上学历，但必须具备创新能力、忍耐力和开拓能力。

（1）熟练掌握英语及小语种

亚马逊、eBay 等大型跨境电商平台都以欧美等发达国家为主要市场，而国内的跨境电商从业人员则要与国外的消费者进行网上沟通，这就要求他们具备一定的英语能力。美国等传统的出口市场仍然是跨境电商的热门市场，而俄罗斯、巴西、阿根廷、西班牙、乌克兰、以色列等新兴市场也在快速增长。

（2）了解海外客户网络购物的消费理念和文化

跨境电商面向的是海外消费者，因其文化与生活习惯的差异，其消费观念与国内消费者有很大差异，因此，跨境电商从业者必须对其采购习惯、中国供应商的出口业务状况有一定的了解，并对特定商品的生产、分销等方面有更多的了解。

（3）了解相关国家的知识产权和法律知识

由于我国对外贸易公司在很长一段时间内都处在低附加值、无品牌的贸易环境下，知识产权侵权现象屡见不鲜，据中国电子商务研究中心统计，大部分跨境电商企业都曾遭遇过商标、图片、专利等多种形式的纠纷。信息披露中也存在商品价格信息不真实的情况。例如，语言的错误翻译。从事跨境电商的人必须对《中华人民共和国商标法》《中华人民共和国著作权法》《中华人民共和国专利法》《互联网信息服务管理办法》《信息网络传播权保护条例》等各种与电子商务有关的法律法规有一定的认识。

（4）熟悉电子商务技术及各大跨境电商平台不同的运营规则

跨国电商平台数量庞大，从业人员要熟练掌握各类网络经营的基本规律，具备适应不同需求、经营模式的能力；了解各大电商网站的引流、用户转化等；具有文字写作、图片处理、广告宣传、网络营销、交易纠纷处理、关键词和搜索引擎优化等能力；具备一定的文档分析技术，并具备基本的客户调查和网站的数据分析技巧。

2. 中高级人才素质要求

（1）具有实现"高效匹配"和"安全保障"的能力

由于跨境贸易的产业链较长，各国的情况也比较复杂，因此，国家的选择、平台的选择、物流方式的选择对于跨境电商的经营至关重要。这就需要从业者根据不同的需求采取不同的运营策略，针对不同行业、身份的客户选择不同的交易模式、验货交货方式、支付方式、物流方式和清关方式。

（2）具备"接行业地气"的能力，具有"一站式服务"的思维

当前，跨境电商行业纵深化发展的趋势越来越明显，一系列的交易服务在贸易流程中的作用突显出来。跟单验货、物流、退税、金融的作用有时候甚至高于拿订单的价值。未来跨境电商更大的作用将是产品开发设计、对行业进行垂直细分，在此基础上进行精细化操作。这就要求从业人员能够"接行业地气"，具备"一站式服务"的思维。

（3）具有"本地化"的思维

跨境电商，就是要对国际流量引入、国际营销、国外品牌的知识有更深刻的认识，对海外贸易、互联网、分销系统、消费者行为有深刻的认识。跨境电商的最终较量，并不只是价格上的较量，更是本地化服务的竞争。

（4）具备较强的政策和规则敏感性

随着电子商务的发展，国际贸易规则也随之发生了剧烈的改变，这就要求我国的跨境电商从业人员能够及时地掌握国际贸易制度、政策、规则等的变化，同时也要对国际贸易形势有更深刻的认识和分析。

三、跨境电商的人才需求特征

（一）市场扩展刺激人才需求

围绕人才方面，有一些研究成果出现，但是从成果数量到研究角度与研究层面，关于跨境电子商务人才的研究仍存在巨大的潜力。以 CNKI 电子数据库为调

研范围，通过检索"跨境电子商务""跨境电商"与"人才"关键词，剔除无关文献，调研日期截至2021年12月31日，共获取文献3323篇。其中，2014年有7篇，2015年有34篇，2016年有61篇，2021年有310篇。可以发现，跨境电子商务方面的研究较早出现在2014年，随后呈现出逐年递增趋势，且在2021年12月31日研究成果的数量增加至310篇。虽然呈现逐年上升的趋势，但是总体来讲研究成果数量仍偏少，与跨境电子商务的快速发展趋势不匹配。通过对获取的文献进行梳理与分析发现，跨境电子商务人才方面的研究成果大体上分为四类：①涉及院校对跨境电子商务人才教育方面的，包括高职院校、中职院校、独立学院、本科院校等，其中以中高职院校的研究较多，如新型高职外贸人才培养、高职跨境电子商务专业方向人才培养模式、中职学校跨境电子商务人才培养；②涉及院校开设的相关专业方面，聚焦于院校开设的与跨境电子商务相关的一些专业，如国际贸易专业、外语类专业、国际商务专业等；③以地区为视角研究跨境电子商务人才问题；④以整体视角分析跨境电子商务人才需求与培养问题，如跨境电子商务人才培养模式、跨境电子商务人才需求特征等。跨境电子商务的快速发展刺激了相关市场，引发了强烈的人才需求。

（二）专业需求特征

国际贸易、电子商务和外语是跨境电商公司最倾向的三大类专业，这与我国学校的教育状况和跨境电子商务的特点密切相关。虽然跨境电子商务与国际贸易、电子商务有很大的区别，但也有许多共同之处。跨境电子商务是电子商务拓展到海外市场的必然产物，计算机技术和互联网技术促进了传统国际贸易的发展。因此，学习与国际贸易、电子商务、外语等有关的专业，对于从事国际贸易和电子商务是比较有利的。

（三）年轻群体受行业偏爱

不难发现，将近半数的公司都会选择应届毕业生，每年大多数公司都会进行校园招聘。跨境电子商务是一种新兴的产业，其发展速度非常快。青年人群，特别是刚毕业的学生，对于新鲜事物的接受能力和对互联网的适应能力都比较强，跨境电商市场需要大量的基层员工，因此，在跨境电商领域，年轻人是非常受欢迎的。

（四）管理型人才相对稀缺

很多企业对于管理人才的需求量较大。有部分企业表示打算招聘管理人员，也有公司打算招聘供应链和后勤管理人员，另外，对技术开发人员的需求量也很大。随着跨境电子商务的广泛应用和发展，跨境电商企业的业务不断增多，其业务流程变得越来越烦琐，其内部管理也越来越困难。因此，管理人员，特别是供应链管理、物流管理等方面的管理人员的需求量急剧增加。

（五）复合型人才需求紧迫

尽管跨境电商与国际贸易和电子商务之间存在着许多共同之处，但也存在着明显的差异。因此，跨境电商所需要的专业人才也与在国际贸易、电子商务、外语等领域的专业人才存在着明显的差距。跨境电子商务公司的专业人员不仅要精通相关的专业知识，还要精通国际贸易的操作技巧，还要对本国的文化、风俗习惯、消费习惯、政治、经济、法律等方面进行了解。因此，跨境电子商务对复合型人才的需求更加迫切。

（六）人才需求与企业规模差异

不同的公司规模在人才类型上存在着明显的差异。小型公司相对于中小型企业和大公司而言对复合型人才的需求量最大，这与小公司的实际经营需要有关，他们更注重小而全，虽然人数不多，但仍然在进行全面的跨境贸易，因此，每位雇员都要做多种工作，而且更具全能性。中等规模的企业对专业化和复合型人才的需求差异不大，但需求规模相近。大公司对复合型人才的需求量也明显大于专业型人才，这与大公司规模大、组织结构复杂、管理岗位众多有关。

第三节　跨境电商人才培养的现状与问题

一、跨境电商人才培养的现状

（一）跨境电商人才培养成效逐步彰显

近年来，跨境电商越来越受欢迎，大批毕业生走向市场，在国有或民营企业、政府机关及事业单位承担重要工作，成为促进电商经济快速发展的十分重要的人才队伍。教育部设置跨境电商专业以来，各院校开始审视专业设置的市场价值，对专业格局进行重构。电商专业群内设置了跨境电商专业，培养了数量十分丰富的具有跨境电商技术技能的人才。据不完全统计，全国跨境电商专业毕业生，有

90%在毕业之时便走上了工作岗位，在企事业单位从事经济管理等工作。近年来，随着中国经济发展的全面转型，建设创新型国家成为中国经济转型升级的新动力和新路线。

在此背景下，一大批创新创业型人才应运而生，在经济转型升级中承担重任，发挥越来越突出的作用。顺应这一时代背景和发展主题，跨境电商技术技能人才的创造力得到前所未有的重视和开发。

创新，指采用新的技术或者方式完成新的价值创造任务，外延上表现为产品、技术管理或商业模式的创新；创业，则基于创业精神进行新的事业开拓，外延上表现为创办新的企业，在既有的企业内进行创业等。

不论是创新还是创业，二者内在的核心是"新"字。新，源于创造；创新创业，源于创造力。基于此，中国跨境电商技术技能人才培养的理念、机制与方法，都实现了巨大突破和跨越。在系统化的行业划分中，一大批人才成为系统骨干和行业领军人物。

（二）跨境电商人才培养目标逐步转型

近年来，跨境电商的人才培养理念最显著的变化，是由早期的技能教育向人才资源、由人力资源向人力资本的双重转变。人才培养的目标取向也随之发生了显著变化，具体表现为：第一，由社会型人才培养向价值型人才培养转变，目标取向更加贴近市场经济需求，注重价值型人才的培养；第二，由应用型人才培养向创新型人才培养转变，更加重视知识型、能力型和创造型人才；第三，由本土型人才培养向国际型人才培养转变。人才培养不再局限于本国商业情境。不仅在知识传授上引进国际先进的理论和知识，而且在办学主体上也纷纷与西方发达国家合作，诞生了诸多具有相当影响力和贡献力的院校，为国际型人才培养奠定了坚实基础。

（三）跨境电商人才培养方法不断创新

1. 人才培养的市场导向机制初步确立

市场作为配置资源的核心机制，正在各个行业领域发挥越来越重要的作用。结合跨境电商人才培养理念的确立，市场导向机制初步确立。

一是培养主体以市场为导向。改变人才培养的社会化属性。逐步将市场需求作为人才培养的基本导向，并建立起了一系列确保市场导向的人才培养机制。

二是教育产业化背景下人才培养率先实现市场化，通过与政府和企业的合作，让人才在培养过程中就参与到经济和社会活动中，利用市场的活力来反向刺激学生的活力和教育的创新。

三是人才选聘、任用与选拔实现市场化配置，上市公司董事会则按市场化方式选聘和管理职业经理人。合理扩大市场化聘用比例，市场化选聘的职业经理人实行市场化薪酬分配机制。合理确定基本工资，营造宽松的用人环境，引入市场化的竞争方式。

2. 课堂教学改革与创新取得显著进展

近几年，我国的课堂教学改革取得了很大的成果。不管是公立高校，还是以市场为主导的教育机构，都在不断地进行着教学改革与创新。其中，影响较大、具有引领作用的有翻转课堂、开放课堂、小班课堂等。课程管理改革以师生关系为切入点，打破了单一的知识传递方式，转变为师生共同创新；打破传统的教学模式，转变为对知识的发掘和再创造；打破学生的被动接受方式，向研究型课堂、创造型课堂转变。这些课堂模式的改革和创新，大大激发了学生的学习热情，显著优化了课堂知识元素，采用全新的互动和探索方式，为课堂注入了活力。

3. 新兴信息技术的应用不断创新

信息技术的迅速发展给教育带来了空前的挑战，并为解决问题提供了新的途径和方式。因此，世界上许多国家都将信息化教育列为国家发展的重要战略，例如，美国实施了"国家教育技术工程"，新加坡实施了"全国教育信息化计划"，马来西亚启动了"多媒体走廊计划"，中国实施了现代远程教育工程、"校校通"工程、新基础教育课程改革工程等。近年来，随着互联网技术、物联网技术、人工智能、视听技术、计算机技术、整合技术以及智能型终端设备的快速发展，大规模在线开放课程（MOOC）、在线视频课程等得到了快速普及，蕴含着革命性的人才培养机遇。可以说，中国的信息技术在人才培养中的应用已经取得良好开局。

二、跨境电商人才培养的问题

（一）缺少培养复合型人才的专业

中国的电子商务兴起于20世纪90年代末，近十年才得到高速发展，而跨境电商也是直到2014年才逐渐进入广大互联网用户的视野。教育部于2000年批准普通高等学校设置电子商务专业，于 2020 年才新增"跨境电子商务"专业，2021 年才将跨境电子商务列入《职业教育专业目录（2021 年）》。在跨境电子商务专业设置前，很多学校并没有专门培养跨境电商行业所需的复合型人才的专业，通常是在国际经济与贸易或者商务英语专业设置跨境电子商务方向来培养相应人才。在课程设置时，也多是以传统贸易知识框架为主，外加几门电子商务相关课程。并且有些学校电商专业的理论更新速度慢，跟不上电商行业的快速发展。因此，一边是行业在短短三十年间的飞速发展，一边是学校人才培养的滞后，并不能为企业输送适配人才。

（二）跨境电商专业的学生主观认识不到位

1. 参与职业教育的积极性不高

很多在校的跨境电商专业学生并不能全心全意地跟随教师完成课上和课下的教学任务，总会出现旷课、逃课等情况。学生普遍认为理论知识的教学对他们而言是没用的，到了工作岗位应用理论的机会几乎没有，因此他们更加认为在校参加理论学习是浪费时间的表现，从而造就了部分学生理论知识薄弱而动手能力较强的鲜明特点。

2. 缺乏明确的职业规划

部分学生没有清晰的职业规划，对未来的就业方向一无所知，导致他们在校期间无法合理利用学习时间，无法更好地充实自己以及提高自己。另外有些学生在课下不主动学习与电子商务相关的其他课程，不积极参加社会或者培训机构的相关技能培训，导致他们的职业技能较弱，知识面较窄，知识量较少。

（三）课程体系建设缺乏系统性

"互联网+"发展模式的出现，推动了数字经济、电子商务产业和物联网的发展，也带来了电子商务行业的改革。在跨境电子商务专业教育实践中，电子商务课程的设置缺乏系统性。

因此，学校应整合和重建课程内容，以免课程重叠。通过对课程内容和知识的重构，节省教学时间，保证课程体系的严密性。随着跨境电商的发展，学校应积极引入新技术，添加新的培训课程，提高跨境电商专业人才质量和学生的整体能力。

1. 传统课程体系的不足

学校的人才培养计划，是针对学校人才培养的定位以及学校的培养目标而制订的。传统的教学方法是"理论+实训"的教学模式:一是将理论与实验相结合,二者均有一定的比例;二是在理论学习后,利用一两个星期的时间进行实训。但是这种传统的课程体系存在以下几种问题。

(1) 师资以理论教学为主

当前,学校里的专职教师主要是研究型院校的毕业生。各个学校在引入师资时,主要考虑的是其研究能力、受教育程度,而具备跨境电商实务与从业经历的教师数量相对较少。大多数教师在理论知识方面都很强,以理论教学为主。

(2) 课程教学缺乏实践性

跨境电子商务课程强调实践性,因此,在课程教学中,应避免只与传统理论相结合。我国有关的政策规定,在人才培养中应及时更课程内容,强化实践能力。随着很多跨境电商平台的准入门槛越来越高,需要使用企业身份,并有高额的注册费用,使得很多学校在实际的环境下开展实训已经不太现实。校内实习仅限于在教师的引导下,通过仿真进出口平台进行实习。尽管仿真环境和现实的运行过程基本相同,但是受限于仿真平台自身的局限性,交易过程变得僵化,与现实中的交易场景还有一定距离。

(3) 实践性课程教学效果不佳

跨境电子商务课程体系注重实践性,应将理论和实践有机地结合起来。但在实践中,教师只重视理论的传授,教学手段相对单一,缺少灵活性,缺少研讨式、启发式和案例式教学手段的应用。在实训阶段,学生主要是听教师讲课,只使用软件进行仿真操作,完成指定的作业,导致教学效果不佳,难以满足企业的生产需求。

2. 教学资源不丰富、不完善

我国跨境电商行业发展势头迅猛,在各个阶段的政策导向和社会环境的影响下,其内部的行业标准和发展规划均在不断升级调整,而学校在输送跨境电商人才时,其配套教学资源却并未同步更新优化,使得人才质量良莠不齐,尤其是对于部分经济发展较为落后的区域,其资源优化更是难上加难。例如,基础教学设备的欠缺,教学体系的固化,校企合作的热情低等。这不仅有碍于跨境电商人才质量的提升,同时也是对跨境电商专业规模化发展的掣肘。

3. 重视智育、忽视德育

针对社会企业来讲,在招聘人才时,不仅会借助笔试来系统考核学生对自身所学专业知识的掌握情况，还会利用面试来考查学生的随机应变、创新创造等综合能力。而且，当前多数企业的笔试内容设置也越来越灵活化，不再只侧重专业知识，题目多变，对学生专业能力与综合素养提出了很高的要求。各大院校在培养跨境电商专业人才时，既要重视"智育"工作，又要注重"德育"工作，如此才可保证学生实现全面发展，从而为社会输送大量德才兼备的优质人才。心理健康教育与思政教育作为保障学生身心健康的关键教育内容，是学校落实素养教育的主要表现。然则，不管是思政教育，还是心理健康教育，在校园中均未受到应有的重视，由此就代表着教育的天平始终向"智育"方向进行倾斜。事实上，学校在对跨境电商专业人才进行培养时，选用的培养模式决定了该专业学生未来的发展方向。而这种过于重视"智育"，而忽略"德育"的模式，定然无法保证学生的专业能力与综合素养能满足社会企业的发展需求。

（四）教育体系有待完善

1. 教育模式较单一

很多学校的教育模式主要是订单培养模式，即校企通过订单模式，合作培养跨境电商人才，企业对学校的跨境电商人才培养提出一定的培养目标或要求，并为学校提供实习基地，而学校为企业输送符合岗位需求的跨境电商人才。但这种模式相对比较单一，有待于学校和企业的进一步调整，从而使得这种模式能够深入发展。

2. 教育制度不完善

有部分教师反映学校并没有与企业共同建立符合跨境电商专业需求的实习基地。而且由于制度不完善，如果企业不承担相应的法律义务，对其责任惩罚未给出明确说明，就会影响整个学校跨境电商人才的实习和培训。

另外，对跨境电商专业学生的考核制度不严谨。例如，对跨境电商专业学生的技术实习、操作实习、专业见习、岗位实习等方面的考核流于形式；考核涉及的角度和内容较少，而且几乎没有涉及思想认识方面的考核。

（五）政府对跨境电商人才培养责任的缺失

1. 有关跨境电商人才教育的制度不健全

根据人力资本理论的内容，政府对跨境电商专业学生的教育承担着重要责任，政府责任的缺失，一定会对跨境电商人才的教育产生不利影响。有部分学校的教师和领导反映，跨境电商人才教育缺乏健全的制度保障，这对学校进行教育造成了很大的不便。一方面，缺乏完善的监管制度。虽然政府已经颁布了有关跨境电商人才教育的政策和法律法规，但尚未落实实施。在这个过程中，由于缺乏有效的监管体系，不能惠及跨境电商人才。另一方面，相关法律制度不健全，内容也比较片面。

2. 人才培养配套服务尚不完善

就整体而言，各地政府在人才培养计划实施等方面支持力度偏小。另外，优惠政策存在短期性问题，无法为跨境电商人才提供真正有效的便利，当地方优惠政策到期后，出现跨境电商人才流动到有政策优惠的异地创业的情况。这导致了创业者流动成本和风险的增加，政府的前期投入无法收到回报。另外，学校相关的硬件、师资等教育配套体系不够完善。跨境电商属于创新性很强的行业，随着技术的更新，对学生的能力培养要求会有新的变化。仅凭学校的资源，无法实时更新教学资源，总而言之，学校的教育配套体系离不开政府的支持。

3. 对跨境电商人才教育的投入不足

政府的合理投资是保障跨境电商专业学生在校接受教育的基础，也是在学校落实各项教育政策和法规的最重要手段。目前各级政府虽然已经做了大量工作，但学校中的跨境电商专业人才实际收到的人均教育补贴并不多，每年都有很多学生因为需要承担很多压力而放弃接受教育。

而且，政府投入资金不平衡。对中东部学校投入的远远比西部的多，对城市内的学校投入的比农村的多，导致学校的教育水平畸形发展。

（六）跨境电商人才培养定位模糊，缺乏与企业的深度合作

阿里研究院发布的《中国跨境电商人才研究报告》显示，企业普遍认为，跨境电商人才存在严重缺口，跨境电商企业招到的毕业生胜任不了企业的岗位要求，大学教育存在问题。这反映了高校在跨境电商人才的培养定位上存在着盲目性和不明确性。同时跨境电子商务人才需兼具理论知识与实践能力，仅依托校内的理论知识授课而不进行企业实习实践，就会使得培养出来的人才与企业的实际需求脱节。而且，就算一些高校确实建立了校企合作，然而由于校企合作模式的成熟度还不够，双方缺乏深入的沟通和磨合，最终校企合作只是流于形式而不存在实质性的合作。

（七）跨境电商人才培养经验不足，人才培养的数量和质量有待提升

跨境电商专业是教育部2019年批准的新专业，2020年开始招生，人才培养尚处于摸索阶段。部分高校的人才培养目标不够清晰，缺少深入的岗位群技能要求调查，致使课程标准与岗位要求契合度不高。在日常教学中，大多是在现有专业的基础上，根据学校现有师资和生源情况规划课程体系，开设跨境电商相关课程，还没有形成鲜明的区域特色。

（八）师资力量薄弱

1. 教师结构不合理，整体素质不高

高水平的跨境电商师资队伍是影响教学水平和质量的核心因素。由于我国尚未批准设立跨境电商专业硕士点和博士点，本学科目前缺乏高水平学科带头人，严重影响了专业建设水平和学科发展。以广东省的职业院校的跨境电商师资队伍为例，在这数十所学校的跨境电商教师队伍中初中级职称较多，高级职称较少，且校内专任教师多、企业外聘教师少，骨干教师缺乏，后备力量不足，教师队伍在年龄、学历和职称等方面尚未形成良好的梯队，较难开展专业建设、课程建设、教学改革与创新等。

2. 师资力量"实力欠缺"

师资力量是人才培养环节的关键。就跨境电商专业目前的师资水平来看，绝大多数教师均非科班出身，一种是其他相关专业教师直接转岗而来，另一种是通过校外培训或企业岗位锻炼"镀金"，在课堂教学上"现学现卖"。可以看出，教师的理论知识和电商实战经验都不成体系，因此在人才培养过程中，其弊端就会在学生群体中暴露出来。

3. 教学任务繁重，科研能力不足

教师不仅要承担教学工作，同时要参加学科建设、课程建设、教材开发、实训基地建设、实习指导、论文指导等工作，普遍存在工作量繁重的现象。有的教师在教学任务和科研考核双重压力下，投入了大量时间和精力，但由于从事专业教学的时间不长，且缺乏学科带头人的指导，较难实现学术突破；有的教师科研意识比较淡薄，尤其在繁重的教学压力下难以分身，大部分时间和精力放在了教学备课上，在一定程度上影响了教师开展科学研究的积极性和主动性。

（九）专业基地建设滞后

跨境电子商务企业需要具有一定实践经验的复合型实用人才。对于跨境电子商务从业者来说，一方面要对主流的跨境电商数字平台熟悉，另一方面也要能够流畅地处理电子商务营销管理、物流管理、报关结算等过程中的各种问题。为此，跨境电子商务人才的培养应当强调实训或者实习等商贸实践环节的重要意义。但是目前很多学校存在专业基地建设滞后的问题，具体表现在以下几点。

校外实习基地的建设缺少专业化的特点。当前，在国内有不少学校开设了跨境电子商务专业，但由于缺乏专门的实习基地，无法确保所有的毕业生都有相应的工作。其中有部分学校为了完成教学计划，基本上都是把学生送到相关的企业去实习，而不会考虑学生被分配的岗位是否符合学生的专业，更不会考虑学生是否能发挥自身优势。企业接受学生进入企业实习，更多的考虑是学生是否能给企业带来效益，而不会考虑是否能达到学校的人才培养目标。所以，许多跨境电商专业的学生在实习基地实习时，所能接触到的职业和所学专业并不相适应。

校企双方对建设校外实践基地的积极性不高。以台州市中等职业学校为例，台州市中等职业学校的一些经济管理类专业的学生都是在校外进行实践，而学校安排的实习工作也是相对单一的。许多学生选择自主实习，也会去企业从事一些与电子商务专业无关的工作。部分中等职业学校的学生的学习动机、学习习惯都较差，因而不能按校内的要求进行课外实践。对于企业来说，接收中职学校跨境电商专业的学生作为实习生，必须为其提供一定的生活用品和一定的生活补贴。既要保障学生的人身安全，又要提高企业的生产成本，因此，很多跨境电商企业不愿意为学校增加实习机会，校企联合建设校外电子商务实践平台的意向正在快速消退，目前尚无任何法律规定公司必须为中等职业学校的学生开设校外实习基地。多数企业普遍认为，建立校外实习基地并不能带来更大的效益。因此，对于校外实习基地的建设，大多数人都是持中立的态度或不赞成。因此，学校与跨境电商企业无法维持长期合作。

学校打造校外实习基地的意识不强，对其重视程度不高。目前，跨境电商产业在国内外的发展速度很快，但是部分学校对校外实践基地的认知还不够深入，学校教师在教学的过程中注重课堂教学，不太重视实践教学。对于教学来说，实践性教学活动一般都是在虚拟的环境下进行。虽然可以取得一些成果，但与实际的跨境电商网络交易存在很大差异。所以，要提高学生的实际操作能力，就必须让他们置身于实际的工作环境之中。

第四章 跨境电商的运营策略

随着销售渠道、媒体环境、消费行为等愈加复杂化、动态化和碎片化，要求跨境电商企业更加快速和及时地反应，优化运营策略的需求日益迫切。通过对运营策略相关理论进行深入探讨，分析现阶段我国跨境电商运营过程中的策略和问题，并提出相应的建议，从而推动我国跨境电商的快速发展。本章分为跨境电商的交易流程、跨境电商的客户沟通、跨境电商的商业模式、跨境电商的市场定位、跨境电商的物流管理、跨境电商的供应链管理、跨境电商的品牌构建、跨境电商的支付方式、跨境电商的营销策略九部分。

第一节 跨境电商的交易流程

一、市场调研与客户开发

（一）市场调研

市场调研是复杂细致的工作，必须有严格、科学的程序和方法。企业通过市场调研获取的资料，按其取得的途径不同一般分为两类：一类是通过自己亲自观察、询问、登记取得的，称为原始资料；另一类是别人搜集到的，调查者根据自己研究的需要将其取来为己所用，称为二手资料。人们把调研方法分为案头调研法和实地调研法。

一般来讲，可以基于以下四个方面对市场和客户数据进行统计调研。

①人口统计。人口细分可以基于年龄、性别、受教育程度、收入、职业、婚姻状况、种族或宗教背景。特别是宗教背景在国内并不常见，但是在国外大有用处，不同的宗教都有不同的节日和习俗，可以针对这些节日和相关习俗相对应地推销商品和提供服务。

②行为方面。行为细分，根据购买决策、消费、忠诚度和生活方式等行为和

决策模式来定位用户。提前了解目标受众的购买行为，这样能够在他们最有可能购买的时候进行营销。例如，可以决定向轻度用户推销，将他们转变为中度或重度买家。或者也可以在频繁、忠诚的买家身上提高投入，提供更多的服务供他们选择。

③客户心理。心理细分，根据使用个性、兴趣、价值观、消费模式、购买行为、品牌意识、生活方式（保守、时尚、经济）、兴趣（健身、购物、运动等）、态度和信念（健康意识、安全意识等）进行细分。例如，对有环保意识或有孩子和宠物的房主可能需要使用有机产品而不是使用化学品或漂白剂进行清洁服务。可以对这些房主进行定向推销，让客户有更好的消费体验。

④地理位置。顾名思义，地理细分用于分析居住在特定区域的特定受众的需求。无论是大的地理划分，如亚洲、欧洲、非洲，还是小范围的地理划分，如城市还是农村，客户的消费需求都各有不同。特别是大方位上的地理划分，欧洲各个地域都有着各自独有的特点，只有根据各自不同的特点，完善市场细分，才能更高效精准地投放合适的营销方案。

（二）客户开发

"客户"的定义在不同时期有不同内容，诸如在"以业务为中心"的"卖方市场"中，"客户"泛指一切购买产品或服务的零售客户；在产品或服务的供需关系中，此时的客户作为需方多处于比较被动的地位。然而，近年来，在竞争日益激烈的"买方市场"环境下，"以客户为中心"的经营理念逐步成为企业经营的核心思想，客户角色和地位也随之发生重大变化。同时，卖方市场向买方市场的转变，促使客户逐步成为企业的"利益相关者"，扮演着企业新产品或服务的共同开发者、合作者、竞争者以及价值的共同创造者等多重角色。

此外，对客户的称谓学术界和理论界说法各异。有称"顾客"的，诸如有学者在其服务管理著述中称顾客，并认为"顾客"一般指个人消费者，他是"具有特定的需要或欲望，而且愿意通过交换来满足这种需要或欲望的人"；在客户关系管理理论中则统称为"客户"，例如，有学者在其著述中称"客户"，并认为"客户"既包括个人，也包括组织，是指愿意以适当的价格购买产品或服务的人或组织，在企业的信息库中，详尽地记载了"客户"的资料，"客户"相比"顾客"更加具体，而非泛称、统称或是抽象的"没有名字的一张脸"。

综合国内学者对客户开发概念的界定，主要分为以下几种。

一些学者认为：客户开发就是企业从自身资源情况出发，比较竞争对手的开发策略，制定适合自己的客户开发战略，再落实到一线客户开发人员执行的一个系统的工程。

另一些学者认为：客户开发是企业的业务人员通过市场分析调研，初步了解目标市场现状和目标客户的相关情况，然后针对调研结果选出对企业产品或服务有意向及有购买能力的客户进行重点沟通，从而达成客户购买目的的活动。

综合国内外相关研究成果，客户开发作为商业活动或销售的第一步，从本质上说是客户需求的开发，即企业通过具体分析客户的实际需求与潜在需求，进而对客户进行细分管理，为客户提供更优质的服务，让客户感到满意，提高客户对企业的忠诚度，从而为企业创造更高的收入和利润。客户开发是客户关系管理的起点，客户开发强调满足客户的实际需求和潜在需求；同时，客户关系的建立和维护是客户开发的重要内容，对客户开发问题的研究自然无法离开对客户关系管理理论的研究。

对于跨境电商而言，进行客户开发需制定适当的策略，并以此策略为指引制定相应的管理机制、业务流程；同时，依赖已有的信息技术帮助，整合客户资源，实现客户统一管理；建立统一的业务销售、决策分析、服务支持平台系统，提升客户服务品质，从而提升客户的满意度、忠诚度，加强客户关系管理，由此方能为跨境电商获取客户、提高营收、创造利润等产生积极意义。

成功的客户开发是企业打开市场、取得营业利润的前提。合理、科学、有效的客户开发可以帮助企业扩大客户规模。具体来讲，客户开发的改进对策包括以下几方面。

第一，明确客户开发计划，主要包括以下两方面的内容。

其一，制订客户开发计划。客户开发之前，需要制订详细的客户开发计划，以此明确开发的方向。制订客户开发计划，需要企业对市场有敏锐的洞察力。明确客户开发计划需要企业不断地提升客户开发能力。开发能力强意味着能有效挖掘潜在客户，获得客户的信息，让潜在客户成为企业真正的客户。总之，客户开发的前提是开展科学的市场调研，洞察客户需求并制订客户开发方案。

其二，控制客户开发成本。客户开发的成本是企业客户关系管理过程中耗用最多的模块。在客户开发之前，企业需要提前评估开发一个客户需负担的成本以及该客户所带来的价值。如果客户带来的价值高于开发成本，则可以进行开发，如果客户价值小于开发成本，则应该放弃开发该客户，企业要集中资源开发能带来高价值的客户。

第二，拓展客户开发渠道。为了能够吸引更多的客户，企业应该拓展客户开发的渠道，使客户通过多种途径了解企业的产品及服务，持续不断地开拓新的渠道，从而为企业带来更多的客户。

其一，基于线下渠道的客户开发。首先，企业需要通过市场调研等方式精准地识别客户群。精准定位目标顾客的前提下，找出目标顾客经常出现的消费场所、上班途经的地理区域范围。并在这些场所组织相关的线下活动，如发放传单、向顾客发放礼品等，促进潜在客户转化为企业的客户。

此外，企业还可以与一些相关商家合作。具体来说，可以要求相关厂商向客户承诺，如果选择本企业的商品或服务，可以免费获得一些商品，以此吸引更多的消费者选择本企业。

其二，基于线上渠道的客户开发。随着互联网的发展，线上开发渠道逐渐成为主流。借助网络流量吸引更多的客户，并实现流量变现。基于此，企业可以采用以下方式进行线上客户开发。

借助短视频平台，将企业设计的优秀作品以及企业的热点事件等拍摄成短视频，发布到抖音、快手等短视频平台，并利用短视频平台提供的用户筛选功能，选择企业的目标顾客，进行精准投放。此外，企业还可以定期组织直播活动，直播间可以介绍不同的商品风格，也可以和直播间的粉丝互动，了解消费者对商品的新需求。当短视频平台积累到一定数量的用户后，可以采取发放优惠券、安排线下体验活动等方式，实现流量变现。

此外，企业可以采用社群营销的方式，实现用户裂变。具体来说，可以让老客户关注企业的公众号，公众号会定期为客户发放小礼品或者组织抽奖活动。此外，建立客户群，让老客户加入客户群，并鼓励老客户邀请新客户入群，同时奖励老顾客一定的代金券或者礼品。从而实现老顾客带动新顾客，全面地实现企业客户的有效开发。

第三，基于客户价值开发。基于识别客户—区分客户—客户互动—客户定制（IDIC）模式，我们可以进一步区分不同客户，通过比较对客户进行细分。企业可以把有限的资源用在目标客户上，集中资源开发价值较高的客户，使资源分配达到最合理状态，最终实现企业利润的最大化。

其一，重点开发盈利能力强的客户。依据"二八法则"，往往企业80%的利润来自前20%的重要客户。这说明企业应该把主要精力放到重要客户上，维系好与重要客户的关系非常重要。企业的重要客户主要指盈利能力强的客户，他们往往对价格不敏感，对企业较为忠诚。企业可以在未来的客户关系管理实施中结合企业合同台账以及其他方面的数据，分析每位顾客带来的盈利能力，进而投放更多的资源和精力开发重要客户。

其二，重点开发增值潜力大的客户。对于一些企业而言，由于客户周期长，维系新老客户的关系变得更加重要。往往客户的增值潜力可以通过客户是否多次选择本企业显现出来。通过对客户购买数据进行分析，企业可以有效挖掘重复购买、对企业忠诚的客户。开发增值潜力大的客户也需要企业利用客户关系管理系统分析客户的消费水平与消费偏好，通过客户数据来科学评估客户的增值潜力，进而精准开发客户。

二、网上交易磋商

交易磋商是指买卖双方以买卖某种商品为目的而通过一定程序就交易的各项条件进行磋商并最后达成协议的全过程。因此，交易磋商是签订货物买卖合同的基础，是进出口商品贸易的基础工作。交易的一般程序应包括询盘、发盘、还盘、接受和签订合同等环节，其中发盘和接受是交易成立的基本环节，也是合同成立的必要条件。

对于跨境电商而言，在商品的供需双方都了解了有关商品的供需信息后，具体商品交易磋商的过程就开始了。各种各样的电子商务系统和专用数据交换协议自动地保证了网络信息传递的准确性和安全可靠性。

三、合同的签订与履行

对于跨境电商而言，主要采用电子合同，下面将针对电子合同的签订与履行进行具体说明。

（一）电子合同基本理论

电子合同又称电子商务合同，我国对于电子合同的概念没有一个明确的定义。有学者定义电子合同是通过电子计算机网络系统订立的，以数据电文的方式生成、储存或传递商业贸易信息的一种现代贸易方式。也有学者定义电子合同是以电子数据交换、电子邮件等能够完全准确地反映双方当事人意思表示一致的电子信息的形式，并通过计算机互联网订立的商品、服务交易合同。

电子合同是在互联网高速发展的背景之下产生的新型合同形式，其在表现形式以及信息载体等方面与传统合同具有很多区别，产生区别的根本原因在于电子合同需要依托数据电文。从书面形式跨越到电子形式，必然导致了电子合同具有传统合同所不具备的特点，这些特点也会使电子合同在成立阶段面临更多问题，例如，格式条款以及网页性质会对合同效力产生影响，只有明确电子合同与传统合同的区别才能进一步探讨其意思表示与传统合同的不同。

第一，电子合同具有虚拟性、无纸性。电子合同的订立主要是在虚拟的网络空间通过数据电文来进行，以邮件、自动系统等方式进行磋商、谈判、签订以及履行合同，不同于传统合同的当面洽谈或纸面签约的方式。网络交易通过电子化的形式表现，电子合同虚拟的交易方式决定了合同主体对于对方相对缺乏了解，对方交易主体身份不明、资质不符的现象频繁出现。电子合同的虚拟性自然使得其具备无纸性的特点，对合同的技术性提出了新的要求。由于电子订约的方式没有合同原件，存储的数据容易被篡改，这便为不法分子提供了违法的机会。当出现纠纷时，电子合同的真实性、合法性等会受到质疑，证明力度也不如纸质合同，这为当事人举证质证带来了一定困难。

由于虚拟性的特质，电子合同经常会涉及商家在网页上发布相关商品信息，通过此种方式介绍商品详情或者吸引消费者注意，实践中对于此种商品网页的性质有要约说与要约邀请说两种观点。如果认为网页信息的性质为要约，那么买方点击链接下单付款的行为构成承诺，双方的电子买卖合同即成立，商家需要履行发货义务；如果认为网页信息性质为要约邀请，则买方下单付款的行为仅构成要约邀请，需待商家做出是否发货的承诺后，双方的电子买卖合同才成立。可见，对商品标价页面性质的不同认识会影响电子合同的成立。

要约邀请与要约的关键区别之处是发出的内容是否具体明确。要约邀请并非自己主动要求订立合同，而是希望他人主动向自己发出要约，根据《中华人民共和国民法典》第472条，要约的意思表示应当符合以下条件：一是内容具体确定；二是表明经受要约人承诺，要约人即受该意思表示约束。第473条规定了要约邀请是希望他人向自己发出要约的表示，拍卖公告、招标公告、招股说明书、商业广告和宣传以及寄送的价目表等为要约邀请。商品页面的广告展示符合要约规定的构成要约。按照要约说，商家在网页展示的商品内容如果详细具体，包含价格、质量、特性、款式等明确信息，消费者可以根据此信息清楚地认识到所要购买的产品，符合内容具体的要件，此种网页展示构成要约，消费者点击链接购买商品的行为构成承诺，此时购物合同便成立，商家需要按照合同内容承担发货义务。按照要约邀请说，商品待售网页更符合广告的性质，网页展示的目的在于向不特定的多数人展示产品，产品的信息属于广告的内容，并不符合要约的构成要件。不同的学说对于实践中出现电子错误的合同效力的影响是完全不同的，例如，在网络购物标价错误的案件中，商家往往会在格式条款中约定网站商品标价页面的性质仅为要约邀请,消费者下单的行为属于要约,合同并不因消费者下单而成立。消费者会主张因格式条款无效而不影响合同的成立,商家应当按照标价履行合同。商家往往主张其已经尽到了注意义务,因为已经提醒消费者注意格式条款,所以格式条款的内容有效,消费者下单仅构成要约邀请,并且标价错误并非真实的意思表示而是电子错误所致,合同并不生效。

第二,电子合同具有迅捷性、高效性。电子合同借助数据电文的方式可以瞬间传播信息,无需通过亲笔签名等传统手段便可以做出意思表示,通过互联网可以将信息直接生成并存储。这种信息传播的迅捷使得交易更加高效、便捷,同时降低了交易成本,助推了全球交易,极大地促进了全球经济贸易的发展。但电子合同对数据电文等信息技术的依赖会导致意思表示在信息传输的过程中出现错误概率增大,增加了合同的不确定性,也会产生延误、信息错误等风险,因而合同从订立到履行完毕的整个过程都需要一系列的技术标准支持保障,如电子订约系统的安全性维护、电子签名的技术性规范等。

电子合同为了提高交易效率,最大程度发挥其高效的特点,通常会采用格式条款等标准合同的方式。相较传统合同,格式条款的效力问题对电子合同的影响更大,当格式条款效力存在问题时将会影响合同的内容。格式合同具有很多优点,可以最大限度满足电子商务的需求,对卖家与买家都提供了极大方便。但因此也会产生新的问题,一些商家会利用自己的优势地位,在格式条款中加入有利于自身一方而不利于对方的内容,可能会侵害对方当事人的合法利益。对格式条款的内容进行限制,虽然缩小了私法自治的范围,但有利于防止不公平的格式条款对当事人利益的减损。格式条款的效力问题对于电子合同的成立会产生重要影响,特别是当发生标价错误等电子错误时,格式条款是否有效将会影响双方当事人的权利义务。根据《中华人民共和国电子商务法》第49条的规定,商家在网站交易规则中设立的"消费者点击商品链接下单的行为仅为要约邀请,支付价款并不代表合同成立"规则是无效的。但是这一条文并不能完全解决网站规则中的此类问题,有的法院认为这种"网页商品信息仅为要约邀请,消费者下单的行为构成要约,仅当商家向消费者发货时合同才成立"条款排除了消费者的主要权利,本质上是让商家可以随意决定是否发货,不发货时也不产生违约责任。此类条款应当在网站上做出充分合理的提示,特别要提醒消费者注意。有的法院认为,这是网络自由交易的体现,并没有排除消费者的主要权利,导致权利义务失衡,应当根据意思自治认定该条款有效。《中华人民共和国民法典》第491条为避免商家利用格式条款逃避发货义务,侵害对方当事人权益,做出了以提交订单成功为合同成立节点的规定。

第三，电子合同具有广泛性、标准性。网络技术的发达提升了电子交易的广泛程度，网络传播手段使得任何民事主体之间进行交易成为可能，电子合同涉及的主体范围也更加广泛。电子合同从订立到履行的过程通常也会按照同样的标准，双方当事人在进行交易时也会更加便捷。此外，电子合同的广泛性也体现在合同标的上，合同的标的物包括商品与服务，商品包括实物商品与虚拟商品，服务也包括虚拟服务，如会员的充值等。对于虚拟的标的物卖家可以通过线上的方式即时履行，履行方式及速度较传统合同更为特殊，线上履行的方式也是传统合同所不具备的。为了消除电子合同虚拟交易无法看到实物的弊端，《中华人民共和国消费者权益保护法》专门做出了七天无理由退货的规定，这种履行时的特殊退货规定也是有别于传统合同的。另外，在电子合同中，如果一方当事人违约或者履行合同不符合约定，另一方当事人除了可以向对方当事人请求履行外，还可以向订立电子合同的第三方平台寻求救济，平台应当对于纠纷进行协助解决，这对于保障当事人的合法利益多了一层保障通道。

电子合同涉及的主体众多，产生电子错误时造成的社会影响也比较广泛。可以说，电子合同在出现意思表示错误时极易造成广泛的社会影响，这种天然的商业行为特征要求我们在处理电子错误问题时，应当更多地站在商事行为的角度来解决问题，尽量从客观主义的立场确定合同的效力，以确保当事人的信赖利益以及维护交易安全，否则对于信赖利益的损害远大于传统的一对一形式的书面合同，对于交易安全也会产生巨大的负面影响。

（二）电子合同的签订

电子合同的签订是指缔约人做出意思表示并达成合意的行为和过程。任何一个合同的签订都需要当事人双方进行一次或者是多次的协商、谈判，并最终达成一致意见，合同即可成立。电子合同的成立是指当事人之间就合同的主要条款达成了一致的意见。

电子合同作为合同中的一种特殊形式，其成立与传统的合同一样，同样需要具备相关的要素和条件。世界各国的合同法对合同的成立大都减少了不必要的限制，这种做法是适应和鼓励交易行为，增加社会财富的需要，所以说在电子合同的成立上，只要当事人之间就合同的主要条款达成一致意见即可。

（三）电子合同的履行

电子合同的标的可以划分为有形标的与无形标的两类。当某一标的物为有形物时，电子合同的履行与传统合同的履行没有任何不同。当某一标的物为无形物时，依据交付方式的不同而有所不同。

电子合同的标的物为无形物时，一般可以采取两种方式进行交付。

①将无形标的物装载于有形物中进行交付，如将计算机软件装载于光盘内再进行交付，是以有形介质为载体，使无形标的交付变有形标的交付的方式，可以适用传统合同履行的有关规定。

②电子传输交付，即通过电子网络中的数据电文往来完成合同标的交付，如在得到供方许可的前提下，登录供方的电子网络将计算机软件下载即完成交付或由供方利用电子网络将标的物直接发送到需方的指定系统中即完成交付，这是电子合同独有的交付方式。该方式已经将传统合同履行过程虚拟化，在需方能够按照合同目的有效地占有和支配电子合同项下的标的物时，供方就已经履行了自己所承担的合同义务。

四、制单与结汇

制单与结汇工作是出口创汇工作中的一个极其重要的环节。为了推动制单结汇流程的优化，需要注意以下两方面。

第一，当企业向银行上交全套的单证申请议付时，可以尝试增加一个步骤，即通知客户。这一步骤的拉近不仅可以增强业务员和客户之间的关系，还可以切实提醒客户进行准备工作。

第二，完善单证部的管理，指派专业的单证员协助业务员做好单证业务。一方面，在运输单据签发前，将事先已经备好的单据交由银行预审，若审查出问题可以及时更改。另一方面，在货物装运后取到运输单据后，当天要迅速进行相应处理并将单据寄出，进而缩短交单周期。

第二节 跨境电商的客户沟通

一、跨境电商客户心理分析

（一）客户的心理需要

营销领域对人类需要和动机的研究由来已久。虽然有众多理论和模型可以用来解释消费行为中人类动机的本质，但是简单的一种分类法就是把这些理论和模型分成两个思想流派。理性学派或者"经济人"模型,这一学派在理论的假设上将客户看作微观经济理论中的"理性人、经济人",认为客户会根据理性的认知判断来追求福利最大化,客户是理性的,并努力实现总效用的最大化。为了达成这一决策,客户一般要经过诸多认知活动,包括确定某产品类别中各属性的重要性、收集竞争品牌的属性的信息、判断竞争品牌各属性的水平,最终使用判断法来决定出最优的品牌。

美国心理学家马斯洛认为,人的一切行为都是由需要引起的,而需要又是分层次的。他把人的需要分为五个层次,即生理的、安全的、爱与归属的、尊重和自我实现的需要。按照马斯洛的理论,客户的需要是分层次的。

例如,功能性消费品是满足客户最低层次的生理需要的产品,客户对于功能性产品的需求主要限于产品功能本身,即主要是产品的实用价值。例如,在买食品方面,经济收入低的客户以充饥的食物为主,因而对食物的要求不高,食品制作只要卫生即可。因此,功能性产品的客户忠诚主要受到品牌信任、转换成本等理性因素的影响。而满足人对于情感、尊重等方面的更高需要的享受消费品,客户对于产品的需求不再局限于产品功能本身,而是产品产生的附属价值成了消费者购买产品的主要理由。例如,有经济实力的客户在购买食物时,讲究色、香、味、形,对装食品的器具也要求高档精致一些。享受型消费品给客户提供社会归属感,满足人们对爱、情义、归属感、尊重等情感的需求。由此,我们可以知道,不同层次的客户对商品有不同的要求。享受型消费品的客户忠诚除了受理性因素的影响外,还受到品牌形象、品牌情感等非理性因素的影响,并且在享受型消费品的客户忠诚影响因素中,非理性因素的影响比理性因素的影响会更强烈。因此,任何企业只有了解和掌握了客户心理的特点,才能有的放矢,才能更好地适应客户的要求,才能满足不同层次客户的不同需求,从而达到促进商品销售的目的,在激烈的市场竞争中存续和发展。

(二)客户心理需求对其购买行为的影响

客户的购买行为是在一定购买动机的作用下产生的,而购买动机又产生于某种尚未得到满足的需要,这种需要包括生理方面的需要,也包括心理方面的需要。随着生活水平和需求层次的不断提高,心理方面的需要较之生理方面的需要对购买动机及购买行为所起的作用更加重要。正如马斯洛需求层次理论所分析的,人们在生理的、安全的物质需求满足后,自我实现的精神需求的满足就日益重要。

1. 好奇、求新心理

通常人们对新鲜事物往往有一种好奇感和新鲜感，容易被新奇事物所吸引，新奇的商品交易可以使客户产生一种强烈的购买兴趣和欲望，新的东西往往很容易在人的心目中达到"先入为主"的效果，而对已有的事物往往觉得习以为常而不会给予很多的注意，这种"喜新厌旧"的心理，恐怕难以改变，然而正是这种需求心理，成了推动人类社会进步的重要动力。具有这种心理的客户崇尚个性化的独特风格，作为经营者来说，只能去满足客户的这种心理需求而不违背它。这就要求经营者必须有一种勇争第一的精神，而不是在领先者后面进行模仿，即要求企业经营者要有创新精神，并要立志于"永远当第一"。

2. 求名心理

很多高收入者和赶时髦者在购买商品时追求名牌，信任名牌，甚至忠诚于名牌，而对其他非名牌的同类商品往往不屑一顾。同时，他们对商品的品牌往往非常敏感，名牌形象一旦受损，他们就可能放弃购买此类商品，而转向购买另外的名牌。新一代的客户有强烈的品牌意识，求名心理一般来说大多表现在人们对轿车、服饰、烟酒等品牌的追求上。客户一旦形成了对某个品牌的认知，就能从品牌中满足自我形象、社会地位等方面的需要，同时通过移情作用，获得情感上的寄托和心理上的共鸣，对品牌产生情感，从而转化为对品牌的忠诚。

这些心理学观点是制定品牌策略及进行品牌资产运营的重要依据。

二、跨境电商沟通阶段分析

（一）沟通前：充分准备

首先，必须要确定今天拜访客户的目的和意义，明确和客户交流的主题，并要准备好相关的资料和道具。

其次，要做好基本语言的准备。如重点问题如何阐述，利用什么字眼，对于某种性格的客户用什么语言更容易交流等。提前组织好了语言，沟通时就轻松容易多了。

最后，要注意沟通时间的选择。选择合适的沟通时间，会让沟通更有效。

由此可见，沟通前的充分准备是至关重要的，它能够提高沟通者的自信心，是与客户进行顺畅沟通的前提和保障。

（二）沟通中：注意细节

在沟通中有很多需要注意的细节，具体分析如下。

第一，做一个好的"倾听者"。倾听会让你明白客户的想法，知道客户的兴趣点，然后再围绕兴趣点进行深入沟通，成交合作的概率就会大很多。

第二，根据不同的沟通场景，采用合适的沟通策略。在与客户沟通过程中，经常会有突发状况，此时，客户服务人员要能随机应变，采取合适的沟通策略，以保持沟通，这就要求客户服务人员要有眼力劲儿，思想灵活，方法多变。

（三）沟通后：善于总结

在沟通完成后，要善于总结沟通前后出现的问题，并对此提出合理的优化策略，举例如下。

第一是客户服务人员和客户沟通时务必要保持一份诚心，只有以诚相待、以礼相待，才能和客户打成一片。

第二是有诺必行，答应客户的事，一定要说到做到，千万不要夸大其词或妄下断语，否则会让客户对服务人员产生不信任感。

三、跨境电商在线沟通技巧

（一）促成交易的技巧

1. 利用客户"怕买不到"的心理

人们常对越是得不到、买不到的东西，越想得到它、买到它。你可利用这种"怕买不到"的心理来促成订单。当对方已经有比较明显的购买意向，但还在最后犹豫中的时候。可以用以下说法来促成交易："这款是我们最畅销的了，经常脱销，现在这批又只剩2个了，估计不到一天就会卖完了。"或者："今天是优惠价的截止日，请把握良机，明天你就享受不到这种折扣价了。"

2. 利用客户希望快点拿到商品的心理

大多数客户希望在付款后越快寄出商品越好。所以在客户已有购买意向，但还在最后犹豫中的时候，可以这样表达："如果真的喜欢的话就赶紧拍下吧，我们的物流是每天五点前安排，如果现在支付成功的话，现在就可以为你寄出。"这种方式对于在线支付的顾客尤为有效。

3. 帮助客户拿主意

当客户一再出现购买信号，却又犹豫不决拿不定主意时，可采用"二选其一"

的技巧来促成交易。譬如，"请问您需要第 14 款还是第 6 款？"或是说："请问要平邮给您还是快递给您？"这种"二选其一"的问话技巧，其实就是在帮他拿主意。

4. 积极推荐，促成交易

当客户拿不定主意，客户服务人员尽可能多地推荐符合客户要求的款式，在每个链接后附上推荐的理由。譬如，"这款是刚到的新款，目前市面上还很少见"，"这款是我们店最受欢迎的款式之一""这款是我们店最畅销的了，经常脱销"等，以此来尽量促成交易。

5. 巧妙反问，促成订单

当客户问到某种产品，不巧正好没有时，就得运用反问来促成订单。譬如，顾客问："这款有金色的吗？"这时，不可回答没有，而应该反问道："不好意思我们没有进货，不过我们有黑色、紫色、蓝色的，在这几种颜色里，您比较喜欢哪一种呢？"

（二）说服客户的技巧

第一，调节气氛，以退为进。在说服时，首先应该想方设法调节谈话的气氛。如果和颜悦色地用提问的方式代替命令，并给人一种尊重人的感觉，气氛就是友好而和谐的，说服也就容易成功；反之，在说服时不尊重他人，拿出一副盛气凌人的架势，那么说服多半是要失败的。

第二，争取同情，以弱克强。渴望同情是人的天性，如果想说服比较强大的对手时，不妨采用这种争取同情的技巧，从而以弱克强，达到目的。

第三，消除防范，以情感化。消除防范心理的最有效的方法就是反复给予暗示，表示自己是朋友而不是敌人。这种暗示可以采用几种方法来进行。如嘘寒问暖、给予关心、表示愿意给予帮助等。

第四，寻求一致，以短补长。努力寻找与对方一致的地方，先让对方赞同你远离主题的意见，从而使之对你的话感兴趣，而后再想办法将你的主意引入话题，而最终求得对方的同意。

第三节　跨境电商的商业模式

一、跨境电商商业模式的内涵

商业模式指的是企业在特定的经济、社会、文化的背景下，创造、传递、收获价值的基本逻辑，包括企业为什么做、做什么、怎么做以及如何盈利这四个部分，是企业为了实现价值创造、价值传递和价值获取而运用的在战略层面的选择和内在逻辑。

对于跨境电商商业模式的研究，一些学者重点关注商业模式怎样进行整体创新。有学者通过对商业模式以及商业模式内涵及外延的归纳分析，认为商业模式创新应积极调整业务结构，进而改变顾客价值主张，提高竞争力。还有学者认为跨境电商企业商业模式的设计，受到价值目标、资源约束、利益相关者等方面因素的影响，不同企业的商业模式侧重点不同，基于各自的商业模式核心主题，跨境电商企业在交易结构、交易内容和交易管理上进行了相应的安排，各自构建了独特的跨越组织边界的商业模式。

二、跨境电商商业模式的优化建议

（一）加强政策引导，助力跨境电商商业模式创新

经济环境是处在不断变化中的，跨境电商赖以生存的大数据技术也处在不断进步当中，跨境电商商业模式的优化应该持续推进。相关部门作为行业监管者，应该做好行业引领工作，在政策方面加以倾斜，大力培养相关人才，为持续发展跨境电商新业态提供专业资金支持，做好商业模式优化的孵化工作，为跨境电商商业模式优化提供动力。

对于政策引导，一方面是要关注跨境电商的发展情况，与时俱进地推出相关支持性政策，另一方面要提升政策落地执行效果，强调相关部门之间协同联动，共同助力政策开展，对政策效应进行总结，关注政策实践结果。

（二）推动跨境电商平台商业模式的优化

1. 优化平台形象

（1）丰富商品品类

可以对所售商品种类进行细分，一方面，从消费者购买的角度出发，重新审视平台内正在销售以及需要采购的商品，可以对平台用户购买商品的数据进行分析，实时关注消费者的需求，将商品进行组合销售，对商品品类重新进行定位，并可以在平台内对商品进行关联推荐。另一方面，也可以上架一些非名牌化的商品，满足当地消费者对差异化产品的需求，多多关注一些具有特色的小众产品，可以与当地的生产商建立联系，进行特色产品的生产与销售。

（2）增强用户黏性

从用户的角度出发来提高服务质量，对于产品的展示、产品信息和产品页面布局等方面需要进行及时的调整和更新。在对一些海外的商品进行展示时，可以配合展示产品的一些使用场景和商品搭配，在产品页面放置扫描使用的二维码，可以用来播放视频介绍等，让消费者可以以更加直观的方式了解商品的特点和用途，减少认知障碍，以缩短消费者与跨境商品之间的心理距离。产品和服务一旦被认可就会增强平台的顾客黏性。

2. 强化价值创造能力

（1）优化服务体系，改善跨境物流体系

第一，我国跨境电商平台可以加强与国内外专业的物流公司之间的合作。当平台接收到顾客的订单后，可根据顾客的收货地址，选择可以最快到达的物流，提高商品的运输效率。平台可以将各物流公司之间的优势进行整合，致力于建立起一个高效便捷的物流配送体系。缩短运输时间也要重视企业的服务质量，在商品的配送过程中，需要加大各环节的监管力度，保证商品可以完整无损地送到顾客的手中。

第二，对于我国已经具备一定商业规模和财务实力的跨境电商平台企业，可以参考亚马逊的物流系统，考虑在目标市场国家建立自己的海外仓库。海外仓一般都与大数据的动态监管相结合，当地市场的顾客在下单后可以很快地收到商品，并且当订单出现问题，在向顾客提供退换货服务时也会更加便捷。海外仓的建立可以开拓当地市场，为平台本地化策略的实施打下基础。

（2）完善平台交易系统

在进行跨境结算时，除了通用的支付方式外，跨境电商平台还需要提供一些多元化的支付方式，以满足当地市场的需求。如根据目标市场和顾客的需求，向其开通适用于本地的收款方式。为了避免交易风险的发生，跨境电商平台需要加强电子交易的安全监督，在保证交易方式多样化的同时，也要保证支付方式的安全，以便于帮助不同国家和地区的消费者快捷、方便、安全地进行支付，提升消费者的购物体验，从而更好地完成平台交易。

3. 增加价值传递方式

（1）选择正确的营销渠道

优秀的营销策略可以帮助跨境电商平台中塑造形象，提升知名度，吸引商家入驻，提高商品销量。在激烈的竞争中突出平台特色，做好平台的品牌推广以及吸引更多的客流量，是跨境电商平台营销的最终目标。在制定营销策略时，侧重点也要有所不同，对于国外的用户要重视电子邮件及相关产品的营销。此外，由于语言和地域的差异，各国用户具有不同的消费需求和消费特点，跨境电商平台在当地进行充分的市场调研以后，要根据不同的需求，制定出有效的适应于当地发展的营销模式。

（2）多种营销方式相结合

网络营销从开始发展到现在，主要包括搜索引擎营销以及搜索引擎优化，近年来，社交营销也在不断地进入我们的视野。跨境电商平台应该将这些网络营销方式相结合，以增加流量，吸引消费者。在新的商业模式下，跨境电商平台需要增加自身的商品品类和数量，需要跟国内的搜索引擎平台进行合作，并对其监管产品质量的能力提出一定的要求。社群营销是在互联网的不断发展下，众多的社交网络平台兴起而流行开来的一种营销手段。

4. 提升价值实现能力

（1）丰富增值服务

我国跨境电商平台在盈利模式上相对比较简单。一方面，平台可以直接与大型工厂对接，从源头拿货省去中间环节，采用降低产品成本的方式来优化成本结构，境外产品在运输过程中会涉及清关，也要加强与贸易各国海关之间的交流与合作，降低产品的关税，降低运输成本。另一方面，则可以通过拓宽收入来源的方式来增加平台的经营收入，我国跨境电商平台可以学习亚马逊平台的会员制，通过为会员提供个性化的优质服务来扩大平台的消费群体规模，将盈利模式变得更加丰富。我国跨境电商平台也应不断地扩大经营规模，在全球范围内树立起专属品牌，将品牌效应体现在平台价值能力的实现中。

（2）构建跨境电商生态圈

庞大的客户数据库是跨境电商生态圈的建设基础，互联网技术的研发为产业链的发展提供了支持。我国的平台在构建跨境电商生态圈时，一方面，要注重交易流程的各个环节，如营销、物流、支付、金融等各个方面的基础设施要有所保障，实现各环节的共同发展，构建生态系统协同网络。另一方面，要对生态系统数据进行实时检测，发现问题立刻解决，提升整个产业链的运转效率，不断完善跨境电商生态圈。平台作为生态圈内的资源整合者，为供需双方匹配资源，只有生态圈高效运转，各成员才能受益。

第四节 跨境电商的市场定位

很多跨境电商企业在开始时会不知道卖什么样的产品合适，不知道哪个市场可以发展。品牌定位能够帮助跨境电商企业在市场上获得消费者的认可。

市场定位就是指确定目标市场后，企业根据目标市场上同类产品竞争状况，针对顾客对该类产品某些特征或属性的重视程度，为本企业产品塑造强有力的、与众不同的鲜明个性，并将其形象生动地传递给顾客，求得顾客的认同。市场定位的实质是使本企业与其他企业严格区分开来，使顾客明显感觉和认识到这种差别，从而在顾客心目中占据特殊的位置。市场定位的过程就是企业差别化的过程。在今天同类产品太多了，消费者如何选择？消费者购买的理由是什么？可以靠企业的有效定位来解决。

市场定位的核心就是，用一个明确的可有效说明的概念区隔开自身与其他同类品牌，在消费者的头脑中建立一个有效印象。定位的另一个特点就是定位后的品牌，只能有效覆盖其中一部分消费者。还有一个特点就是，定位一般而言都是要在已经形成的市场中，建立一个细分的市场，迎合一部分人的需求，因为你不可能讨好所有人。

跨境电商企业在选品时可以通过细分市场，找寻合理定位。

细分市场可以从产品出发，分成中、高、低端市场；也可以做品类专业化，根据消费者年龄层、性别等条件进行具体划分；还可以从风格差异化入手，展现自己的风格，让人记住。

找寻自己的产品定位，具体可以分为三步。

第一，前期调研，从细分市场切入，产品与店铺装修风格尽量统一，给人以深刻的印象；

第二，市场检验，设置一段时间让市场检验产品，看产品是否符合市场需求，可以通过曝光数据、销量、评价等进行判断；

第三，在经过检验后，选出明星产品优化发展，调整市场定位。

在定位产品时，企业可以想想自己的品牌、店铺、商品的记忆点是什么，而不是千篇一律地卖同质化产品。找对了方向和市场定位，就可以增加产品的附加值，提高成交率。

第五节　跨境电商的物流管理

一、跨境电商物流概述

（一）跨境电商物流概念界定

跨境电子商务是指不同国家或地区借助现代互联网等信息平台进行交易的方式，也是传统贸易实现电子化、网络化的过程。而跨境电商物流是伴随跨境电子商务的发展而产生的，是指将跨境电商平台上的商品，通过各种物流方式的组合由生产供应地运输到境外。

其交易的主体分属于不同关境，商品要跨越不同的国界才能够从生产者或供应商到达消费者。整个流程包含国际段物流运输、国内段物流运输、商品包装、仓储、信息处理等环节。

（二）跨境电商物流特征

不管哪种形态的电子商务，都离不开物流的支撑。跨境电商的兴起已经从根本上改变了中国传统物流配送的本质，即物流配送不仅是公司派送、接收实物产品的主要手段，而且是增加消费者的信心、提升公司品牌的关键因素。所以，物流市场与跨境电商双方之间的关联可以说是不可割裂的。由于与国内电子商务物流市场有所不同，跨境电商物流在种类和特点上也有所不同，而跨境电商物流的特点大致体现为以下五个方面。

第一，距离远、时效长、成本高、过程烦琐、可控性差是跨境物流和本土物流之间的重要区别。除了最基本的商品配送外，还包括清关及一系列的税收问题。

第二，运输方式的多样化。因为跨境物流包含的内容很多，所以跨境物流的不同阶段形成了多种物流形式。例如，头程物流主要包括海运、陆运、空运和专线物流等。

第三，主要竞争对手集中于中国东南沿海，中西部区域竞争力较弱。由于环渤海地区，长三角、珠三角等东南沿海地区经济发达，对跨境运输需求量巨大，区域内海运、空运等设施较为齐全。因此，供给争夺与交通资源的争夺较为活跃。而在中西部区域，因为市场经济比较不活跃、跨境运输需求较少、运输成本高等，该区域的国际物流业务资源投入相对较小。

第四，竞争呈现出区域性和产业单一性。跨境电商的兴起促进了物流业的发展,虽然国际竞争程度越来越激烈,但基于企业的资本能力、经营管理水平和技术开发能力和对国际物流市场的分割等,国际竞争的主要特点仍是在一个区域内或某一产业的公司间进行竞争。例如,在长三角区域内跨境物流公司间的资源争夺,或者是在单一产业内部的资源争夺,如电子产品制造业等,而跨地区和跨行业之间的资源竞争反而较少。

第五,由单一化服务到多元化服务。由于跨境电商需求量持续增加,多数跨国物流企业也开始由单一化的物流业务逐渐走向多元化的服务,如和国外物流企业的合作。在整个跨境快递链中,除了提供头程清关、仓储、物流配送服务,还有很多和FBA(亚马逊物流)有关的延伸和替代业务,如在国外仓库贴标更换、一件代发等。

(三)跨境电商物流节点

跨境电商物流链大体上可分为七个节点,需要跨境电商企业有强大的整合能力以实现全流程履约服务,主要由起始地揽收、国际物流运输、海关清关、海陆空干线运输、目的地清关、目的地仓储和分拣、末端运输配送构成。大多数跨境电商物流企业是无法负责所有环节业务的,需要与第三方物流等多方进行合作以承担各个节点的配送任务,因此资源整合能力对跨境电商物流企业至关重要。

(四)跨境电商物流风险

在跨境电商物流发展的同时,跨境电商物流风险随之而来,如何准确识别和管控跨境电商物流风险,是行业内各方应重点关注的问题。

1. 跨境电商物流风险的特点

跨境电商属于国际商业活动,使得跨境电商物流风险具有如下特点。

第一,不确定性。跨境电商物流风险来自各种因素和不确定事件。如经济、文化、政治、政策、法律等因素的变动,又如各种突发灾害,这些风险的发生具有不确定性。

第二,复杂性。跨境电商物流业务中涉及众多节点与合作企业,风险的类型众多,如在运输、清关、存储等节点均存在不同的风险。而由于国内外信息对接水平各异,对于物流有时很难实现全程追踪。

2. 跨境电商物流风险管理的内容

风险管理是指在风险环境中,通过一系列措施,把风险的负面影响降至最低的管理过程,跨境电商物流风险管理的主要内容包括风险识别、风险评价、风险控制等，具体分析如下。

第一，风险识别。从多角度、多流程节点细分，运用多种技术方法等对跨境电商物流风险进行识别，并科学归类。

第二，风险评价。在风险识别的基础上，根据收集的数据情况，选取合适的现代综合评价方法，构建跨境电商物流风险评价模型，对风险指标做出综合性的评价和分析，确定研究主体的风险等级，评估各类风险产生的概率及危害性。

第三，风险控制。在风险评价的基础上，针对跨境电商物流风险，提出具体的防范措施和管控办法。通过对各项风险给出有效的管控措施和意见，将风险的危害程度降低在跨境电商企业可接受的范围之内。

（五）跨境电商物流模式

在市场上有多种应用于跨境电商的物流模式。下面将对其中几种主要的物流模式进行全面的分析。

1. 直邮模式

直邮模式是指卖家通过国际邮政服务或国际快递将买家选择并支付的产品送达。这两种快递方式没有太大的区别。随着电子商务行业的发展，全球范围内对信件物流和快递的需求逐渐增加。快递公司之间展开了激烈的竞争。除了世界各地的主要邮局，快递公司也在提供日益多样化的服务，以确保跨境电子商务业务的顺利进行。

（1）直邮模式发展分析

目前，海外直邮主要包括国际快递和国际邮政两种渠道。这两种方法都是独立于公司本身运作的，不需要初始资本投资，而且发送非常方便。因此，这两种模式是跨境电商出口中最常见的物流模式。

第一，国际快递。国际快递是指在两个或两个以上国家（或地区）间所开展的速递、物流配送服务。我国与各国（或地区）传送邮件、商务文书和物资，采用的就是经由各国（或地区）之间的边境港口和海关对快件实施检查发放的运输方法。国际快递抵达目的国（或地区）以后，必须在目的国（或地区）完成重新运送，方可把快件运到最终目标地区。

自我国正式参加世贸组织（WTO）以来，我国的国际贸易业务交流频频，促进了全球物流代理业务的发展。另外，伴随我国"一带一路"倡议的开展，我国自贸区的建立和贸易方面的有利优惠政策举措持续发布，为全球的物流业务发展开创了有利局面。2014—2019年，我国国际物流限额以上企业的营业总收入从3125.6亿元上升至4025.7亿元。2020年，限额以上企业的营业总收入有所减少，下降到3767.4亿元左右。而在2021年，中国国际物流限额以上企业营收出现恢复性的增加，限额以上企业主营业务总收入上升至4117.2亿元。

第二，国际邮政。目前我国在世界各地建有邮政局66.1万家，邮递工作人员524万，投递员工140多万人，国际邮递包裹服务拥有通达全国、通关能力强大、价格经济合理等优点，国际邮递服务公司2017年度报告表明，72%的跨国网购包裹经由国际邮政业务途径传递至中国消费者手里，国际邮政途径已成为跨境电商卖家的重要选择。

此外，中国邮政积极推进海外及国内基地网能力建设，积极推动跨境电商的蓬勃发展。邮政业是我国现代服务业的重要转型业态，是国际物流领域的重要先导行业。自2010年开始，中国邮政进一步发挥邮递资源优势，强化能力构建，开展了多渠道、全方位、多增值的进出口运输基础业务，为我国跨境电商河湖地区提出了一筐子综合运输的解决方案。

（2）直邮模式优缺点分析

第一，直邮模式的优点包括以下几方面。

其一，国际邮政和跨国邮政组织协作进行物流配送，能够从国内任意一家邮局发送。目前能以主要发达国家送到全球一百余个国家和地区。因此，邮递便利，价钱相对低廉，覆盖范围很广。

其二，由于消费者的订货和产品的发送速度较快，没有库存压力。大部分都是空运或海运。海外消费者可利用国际邮政及海外速递物流管理系统随时随地查询商品的投递状况，并随时追踪商品的地理位置。

其三，海外顾客能够了解该产品是不是由商家自己寄出的，有助于保证正品的真实性。

其四，一般通过国际邮政或国际快递方式发送的货物数量较少，占地面积小，大部分廉价货物都可以进行，因此，可以进行简单的通关，海关扣留或额外征税的负担相对较小。

第二，直邮模式的缺点。直邮模式的物流成本较高。因为订单较为分散，只能个别几个快件单独发货，因此难以形成规模效应，物流运输费用较高。而且一旦出现产品质量问题，退换货的逆向物流难以实现，因为历时时间久，所以理赔起来周期长，容易引起消费者的不满，影响客户满意度。而且直邮模式的周期较自贸区模式要长，基本要三周才能送达客户手中，难以满足一些对产品有紧急需要的客户。

2. 海外仓模式

电商目前正以一个全新的业务形态快速成长，而直接在境外建立物流仓储并进行配送的货运模式也将日益发达。

（1）海外仓模式发展分析

首先，对于自建物流中心，在国外自建物流仓库的成本较高，因此能够自建物流仓库的企业大多规模较大。拥有物流中心的公司包括亚马逊公司，该公司已成功进军美国以外的许多国家。在加拿大、法国、德国、意大利、西班牙、英国、日本、韩国、中国等均可提供业务服务。

其次，共享物流中心。该模式是韩国政府最近积极倡导的模式，因此这是一个值得探索的模式。目前，韩国贸易厅、中小企业扶持部门、海洋渔业部门等政府机构越来越重视海外共享物流中心。

（2）海外仓模式优缺点分析

第一，海外仓模式的优点。由于物流中心是一个可以自主操作的系统，它可以支持优先的"捆绑派送"功能。此外，由于每个销售商的包装和装运时间不同，消费者的收货时间也各不相同。目前，存在这样的弊端。但是，如果通过配送中心进行"捆绑派送"，这一问题也是能够解决的。把多种商品一起打包到一个箱子内运送，能够降低运费。

第二，海外仓模式的缺点。企业自己建立仓库的弊端是前期成本和运营成本高。对中小企业而言，建设和管理大型的物流配送中心存在很大的压力。

3. 第三方物流模式

第三方物流配送是指完全独立于供应方和收货方的第三者服务，它可以让公司集中主要精力于发展自身的核心服务，将一些非核心的服务，包括储存、物流配送、搬运等外包给第三方物流企业，并以此提高公司自身的核心竞争力。

（1）第三方物流模式发展分析

韩国贸易协会发布的信息显示，韩国已经退出了运输服务业，第三方物流市场正在变得活跃起来。使用这种物流服务不会造成物流设施的固定支出，从而减轻了经济负担。专业物流公司可以提供速度快的出入库管理、货物位置跟踪等多种附加服务，高速的物流服务使企业能够为客户提供更优化的服务。可以预测，第三方物流市场将继续发展。

（2）第三方物流模式优缺点分析

第一，第三方物流模式的优点。①作为专业的物流企业，可以减少冗余经营成本；②每个专业物流企业都有专有的经营理念，让企业可以期待其持续改进的成果；③可以增强企业在其核心业务方面的能力；④可以减少企业物流相关人力的规模，具有降低人力成本的效果；⑤可以降低设备投资的资金成本。

第二，第三方物流模式的缺点。①具有与价格和服务质量有关的不确定性；②很难评估因失去货物的决策权而带来的相对损失，以及整个运输过程的成本；③公司内部的关键员工有流失概率，进而造成工作积极性降低；④为了维系新的合作伙伴关系而可能引发新的困难；⑤企业内部信息很容易丢失，这会给企业生存留下隐患。

二、跨境电商的物流管理改善方案

（一）创新物流配送模式，健全物流保障机制

作为供应链"三流"之一的物流，在跨境电商供应链中的地位举足轻重，需要在物流配送和物流保障两个方向上齐头并进。物流配送对应的是商品从商家到客户手中的过程，解决的是"正向"物流问题；物流保障对应的是退货商品从客户返回到商家的过程，解决的是"逆向"物流问题。

首先，对于正向物流，跨境电商企业应当创新物流配送的模式，具体而言，可以从物流外包和跨境电商物流合作联盟两个方面展开。物流外包即不拥有自己的物流配送系统，借助第三方物流或第四方物流进行物流配送，这些物流公司往往拥有丰富的国际贸易经验和较强的国际货运配送能力，为无法构建自营物流的跨境电商提供了充足的保障。其中的第四方物流公司还能利用大数据提供最佳路线、统一报关缴税、整合全球物流资源，是目前跨境物流创新的成果。而跨境电商物流合作联盟使得联盟企业可以整合各国物流通道以联合行动，从而降低了物流成本、提高了配送效率。

其次，对于逆向物流而言，跨境电商企业应当健全物流保障机制，加快构建退货物流信息追踪系统，从而使得企业、客户和供应商即时共享查看物流信息和退换货相关信息，溯源供货渠道、及时处理退换货问题。除此之外，跨境电商企业还可以探索多种物流模式组合的跨境物流方案，如海外仓加国际商业快递、海外直邮加保税区物流、国际邮政加保税仓储等。

（二）加强进口物流风险控制

在针对部分企业进口物流风险评估的结果中，选取风险较高的几个方面，给出相应的风险控制的对策和建议。

1. 提升进口运输能力，合理配置运输线路

运输风险在模糊综合评价中的风险等级为高，是需要企业重点关注的一项风险。

企业需要对运输服务进行提升。在企业进口物流服务方面，应选取多种运输方式进行搭配，搭建完整的进口物流线路。对运输业务进行合理配置，保证在订单高峰期可以正常进行物流服务，在缩短整体运输时间的同时也需要综合考虑运输成本。对货运公司做出考核，由于运输距离长且包裹会进行多次流转，商品可能产生破损，所以需要规定各物流服务方在承运前做好商品检查工作，确保商品是完好的。

2. 加强海外仓储建设，提高仓储信息可视化水平

包装仓储风险等级为高，需要平台侧进行严密监管，以保证风险得到良好的控制。

在海外仓方面，企业首先要选择实力较强的合作伙伴，并配有完善的仓储设施设备，提高机械化和信息化水平，这样仓库才能提高仓储运作效率。在商品包装方面，严格做到包装标准化，以避免运输途中产生包裹破损问题。

由于部分线路单量较少不能由操作费来弥补仓储费，海外仓在不上涨单包操作费的前提下，对仓库进行盘点，并向使用海外仓的商家增收仓储费，并通过仓储费让商家精简库存，提高在库商品的周转率。同时加快海外供应商虚拟仓的建设，将商家库存在系统中展示，对订单量较少的海外仓进行缩减或关闭，节省海外仓的成本。

此外，还应当充分提高仓储信息可视化水平。通过连接 WMS 数据，提供货品仓储可视化信息看板，确保可以实时观测到准确的库存数据。

企业还要保证仓库管理组织结构的合理性，且有必要对仓储员工进行专业的培训，进行风险防范措施的培训，避免因员工个人问题造成的物流风险。

3. 严控海外商品质量，制定商家考核标准

完善供应商准入机制，对商家和商品设置入驻门槛，严格审核品牌授权书和相关单据，预防部分商家造假。为规避进口产品原产地风险，企业关务人员在进行商品备案时，应该做到严格把控，对其成分、效期进行核实，平台侧也应定期对商品做检查，实行奖惩机制，一旦出现商品不合规现象，立刻进行整改。对于拒绝配合整改的商家，可撤销其入驻资格并关闭店铺；对于积极配合的商家，可以进行奖励，如提高店铺曝光度、减免部分服务费用等，促进平台和商家之间的良性循环。

在有单无货或有货无单的问题上，企业后续应该对商家进行相应的考核，根据包裹数量对商家进行一定的扣罚处理，以尽量避免此类情况的发生。

4. 升级迭代信息系统，建立风险预警系统

当前我国物流信息化水平和国外相比还存在很多不足，可以借鉴国外先进的模式及经验，引导各跨境物流进口企业间协调合作，构建信息共享平台，方便我国海关进行监管，建立更加高效的跨境电商物流体系。

首先，企业在物流信息系统上，需要排查现存问题，对系统进行优化升级。优化对于进口物流包裹单号信息的追踪，做到通过任一节点即可查询对应的物流信息，实现全链路追踪查询。加强平台内人员及各合作方间的信息共享程度，确保能够及时、精准地传达业务信息，产生风险后，第一时间明确风险点，进而采取措施，提升物流产品的竞争力。

对于一些热门商品的销量提前做出预测，通过国内的保税仓进行存储销售，以提升物流效率。将商品的订单信息、实时物流信息准确地同步给用户，可以在一定程度上缓解用户等待商品送达期间的焦虑心情。

其次，企业应该建立符合自身情况的风险预警系统。通过收集历史数据，预测跟踪可能会产生的风险，根据业务流程，统计最易发生物流风险的环节，明确风险防控的关键点。

针对企业中的员工风险，企业应该加强人员培训，明确各相关部门人员的风险防控责任，增强企业员工的危机意识，在发生风险后，能够及时准确地实施控制。

5. 完善跨境进口物流服务合同

企业在选择合作物流服务商时，要对其历史业务情况和信誉度有足够的了解，对其线路资源等因素进行考察。企业还需要重点完善更新相关的商家物流合同，填补旧版合同中潜在的业务风险漏洞，更大程度上帮助企业规避风险。具体措施如下。

完善原有合同中的法律依据，从《中华人民共和国合同法》等扩充至《中华人民共和国合同法》《中华人民共和国海商法》《中华人民共和国邮政法》《中华人民共和国航空法》等，规避因物流运输标准不清晰产生的法律风险；对原合同中的货物、商品等进行复查及重新定义，对物流服务范围及内容进行补充，尽可能避免因核心概念定义不清而产生潜在的纠纷；对原合同中的英文物流术语部分进行修订，降低因中英文表述不一致而产生争议的风险；增改修订原合同中甲乙方权利义务部分，避免因权责划分不清而产生纠纷。

第六节 跨境电商的供应链管理

一、跨境电商供应链管理的相关理论

（一）供应链管理理论

1. 供应链

供应链（Supply Chain，SC）概念的提出和受到高度重视与生产的专业化和全球化密不可分。随着经济全球化的发展和社会生产分工的进一步细化，企业面临的经营环境由单一而确定的市场环境变为全球性和快速变化的竞争环境，任何企业都难以仅凭企业自己的能力来谋求竞争优势。加之产品种类的丰富和更新换代的加快，产品制造不得不放弃"先生产、后销售"的制造资源计划——MRP（"推式"生产），而是采用准时制生产——JIT（"拉式"生产），生产的决定权逐渐从供给端流向了需求端。为了更好地应对产品需求供给的变化和激烈的市场竞争，企业不但要具有良好的设计和生产能力，还要具备相应的物流和营销能力，而企业如果想要同时拥有这些，要么自己投资，要么出资控股，这无疑会加大企业的投资负担和建设周期风险。为此，必须开展横向和纵向的联合与协作，尤其是与上下游企业的纵向合作，由此催生了供应链思想。

对于供应链的定义，学术界仍未达成统一的意见。有学者认为供应链是一种组织契约，用于管理企业之间的关系、培养成员企业间的信任感，从而建立战略伙伴关系和降低成本。还有学者从价值增值的角度出发，认为供应链是通过组织间不同的功能，从上至下将产品或服务的价值增值部分逐级传递给客户的组织网络结构。《中华人民共和国国家标准：物流术语》则将供应链定义为"生产及流通过程中，涉及将产品或服务提供给最终用户的上游与下游企业所形成的网链结构"。

不同于销售链，供应链跨越了企业的界限。从建立战略伙伴关系出发，站在全局和整体的角度，综合供应链和增值链两个方面，可以将供应链定义为涉及"三流"控制的功能网链结构。以上述定义为基础展开相关研究，可将供应链的特征概括为以下三点。

第一，供应链以核心企业为中心展开。供应商和销售商均是相对于核心企业

而言的，供应链"链条"也是以核心企业为关键点展开上溯和下延，即上游供应链和下游供应链。因此，研究供应链关注的是核心企业指标所反映的供应链运作水平。

第二，供应链从结构来看是一个供应网链，因此供应链在内部一定是横跨多个部门和企业的。结合供应链的增值链特性，产品在跨越供应链时必须有一个增值过程，因此关注供应链应当从多个角度考察产品的增值过程和增值表现。

第三，供应链必须拥有一个整体目的和宗旨。以更高的效率达到整体利益最大化，这是每一个供应链的建立和完善都应当秉持的共同目的和宗旨。

2. 供应链管理

供应链管理（Supply Chain Management）的概念于20世纪80年代最早出现在一篇论文中，该文章是针对物料流转和销售等有关信息流转问题的探讨。供应链管理，又叫价值链管理工作（Value Added Chain Management）或需求链管理（Demand Chain Management），是指在生产实践中所抽象出和升华而成的一种新型的生产组织管理模式。

（二）跨境电商供应链理论

跨境电商的发展过程中，究竟是"流量为王"还是"产品为王"，一直是理论界和实务界研究的焦点，但无论如何，供应链的重要性是毋庸置疑的，成功的跨境电商企业如兰亭集势等也依赖独特的供应链管理模式树立了自己的竞争优势。跨境电商的多元化使得参与方更加多元，其平台化和数字化使得物流、信息流和资金流数据得以汇聚于平台，个性化和周期短等特性又进一步迫使企业以客户需求为中心，不断提高库存管理水平、信息共享度和创新性等。这些便带来了跨境电商的供应链问题。作为跨境电商和供应链的结合体，跨境电商供应链不同于国内电商，要综合考虑国际化的市场环境和不确定的政策环境。

对于跨境电商供应链，有学者认为："跨境电商利用供应链开展跨境电子交易、跨境物流、跨境供应等活动，进而把供应商、海关、物流商和最终消费者等连接成一个整体的功能网链。"还有学者则认为，跨境电商供应链指在满足跨境电商客户需求的过程中涉及的全部环节，包括跨境电商供应链载体、实体、周期和系统。通过跨境电商供应链的定义不难看出，跨境电商供应链管理为了达到其核心目标，即供应链整体效益最大化，需要将库存、物流、客户关系、创新和供应商在内的要素统筹管理，实现集成协同。

二、跨境电商的供应链管理方案

（一）再造供应链流程

一个合理的供应链流程对于降低库存、削减成本、缩短提前期、推进准时制生产与供销、提高供应链的总体运作效率都是很重要的。但部分企业供应链流程信息化程度低下，没有将供应链上的各个环节形成一个有效的信息流，并且供应链各个环节较为分散，没有形成一个以数据为驱动力的运行模式，难以适应高速发展的跨境电商业务，业务平台无法进行高效的互联互通。因此，需要对供应链流程进行再造设计。

（二）以客户需求为导向，提升可靠性

首先，跨境电商企业应当通过合理的目标市场定位提供差异化服务。一方面，跨境电商供应链应当保持对客户需求变化的敏感性，并通过高效的配合将客户需求信息即时传递到供应链的上游；另一方面，跨境电商供应链应根据客户的需求差异制定相关产品或服务，满足不同消费者的个性化需求，例如，开发不同的产品以推销给不同目标市场的客户，或针对同一产品的不同特性分别制订营销方案，从而增强产品的竞争力和吸引力。其次，为了保障企业的长远发展，必须将产品的质量放在企业"生命线"的位置上，对于退货率和投诉率较高的产品选择下架处理，并考虑与供应商的合作关系是否继续维持，为了增加产品的可靠性还可以与供应链企业推出《货品保证单》，以企业信誉担保产品质量。最后，将产品售后服务置于与售前服务同等重要的地位，在提高客户满意度从而转化为客户黏性的同时，还能提高企业的声誉、提升品牌力量。具体来说，可以从以下两个方面完善售后服务：建立高效专业的售后团队，及时解决客户咨询的售后问题；建立产品售后追踪服务机制，通过定期发送产品体验问卷、电话访谈等方式获取客户使用产品的感受。

（三）加强供应商管理，增加供应链柔性

供应商作为跨境电商供应链的上游节点企业，其主要有以下四类：品牌商、授权代理商、中间贸易商和买手，选择哪一类或确定采用哪一家供应商可以从供应商开发计划和供应商综合评价体系优化方面入手。针对供应商开发计划，跨境电商应在全球范围内寻找产品，如何开发供应商应当取决于企业的竞争战略，差异化战略要求企业深入某一市场专门开发此类供应商，而成本领先战略则要求企业寻找更加便宜的供应商；针对供应商综合评价体系优化，应当完善供应商打分

和定期考核机制，综合考虑质量、价格、交货时间和服务因素等，并以此为依据维持动态化的供应商名单。同时，还要提高供应链柔性水平，积极拥抱消费者，准确预测消费者需求的变化，以需求组织生产、采购和营销等活动，把握新技术、新工具和新方法，不断提升危机应对能力和可持续发展能力，构建敏捷、协同、柔性的供应链。

（四）提高信息共享度，提升综合服务能力

信息共享度是跨境电商供应链绩效评价指标层次模型中最基础的层次，也是供应链"三流"中信息流最重要的构成部分，提高信息共享度就是要利用信息技术手段为供应链绩效创造优势，以信息共享取代低效率、不透明的信息沟通方式。需要从两个方面加以提升：一方面，加快与供应链上下游企业的信息共享平台建设，利用该平台即时传递最新的客户需求信息、产品供需信息、出入库信息、销售信息、退换货信息等一系列产品相关信息，从而推动构建定制化产品供给、简化业务流程和降低信息沟通成本。另一方面，完善跨境电商平台的构建，及时与消费者对接，使得包括出库、清关、物流等信息清晰实时地呈现；同时，利用好跨境电商平台产生的大量数据，采用数据挖掘、智能预测和定制推送等手段，获取充分的流量、实施精准营销。另外，好评率、成交量、爆款率等作为最显而易见的评价指标，也是可以直接为企业带来效益的指标，跨境电商平台也应当积极争取在这些指标上提升，推动跨境电商供应链绩效水平不断提升。

第七节　跨境电商的品牌构建

一、跨境电商品牌构建概述

（一）品牌的概念界定

品牌（Brand）一词来源于国外，本义为"打烙印"，即品牌在消费者心目中留下的印记。品牌最初是所有权属的象征，通过商标（Logo）来标识和宣示权益。随着市场经济和品牌理论的不断发展，品牌所承载的内涵也不断丰富。

美国营销学会（AMA）将品牌定义为，区分企业与竞争对手的产品或服务的集合名称、符号、标记或设计的综合体。它能够让消费者了解该类商品或服务，同时避免类似产品的竞争。识别功能是品牌最基本的功能，除此之外它还有更大

意义上的功能，即品牌一方面能够将本企业的产品或服务与其他企业的区分开来，另一方面又能给消费者带来物质和非物质意义。

品牌是一种与消费者的互动关系，而从消费者角度对品牌内涵进行理解是这种互动关系的本质要求。品牌是连接产品、企业与消费者的枢纽，是消费者进行理性与感性互动的情感载体。品牌是指在产品使用过程中，因消费者的需求得到满足，进而对品牌表现出来的满意、认可和偏爱。品牌在消费者心目中是产品价值与使用价值的纽带，是企业经营理念和精神的承载物，是消费者对产品全方位的感知。品牌的形成和成长与企业和消费者的共同影响分不开。可以说，品牌是消费者与企业之间的双向互动，在体验中交互并在消费者心中留下印象，进而形成品牌价值。

（二）品牌构建的相关概念

1. 品牌定位

品牌定位理论指出，消费者面对市场上琳琅满目的品牌往往会产生排斥心理反应，因此在购买某类商品或服务时，会倾向于选择该类商品或服务的代表性品牌。基于这种认识，品牌定位即指将产品形象转化为品牌形象或企业形象，使得产品或服务在消费者心中占据一定位置，以利于潜在消费者进行品牌联想。具体来说，品牌定位是指企业在确定市场定位和产品定位后，根据自身品牌文化倾向做出商业决策，最终塑造与目标市场密切相关的品牌形象的过程。成功的品牌定位能找到消费者的真实需求，与竞争品牌形成差异，在消费者心中留下深刻、独特的品牌烙印。品牌定位是企业品牌管理取得成功的第一步，也是企业品牌构建的基础。

2. 品牌传播

品牌传播是指在维护自主品牌核心价值的基础上，通过广告、宣传、公关等方式传播品牌信息，塑造特定品牌形象的活动。品牌传播的最终目标是通过发挥创意性的力量，运用各种有效的发声点，在市场中形成品牌势力，从而获得市场主导权。有效的品牌传播活动可以将品牌进一步推广，拓宽品牌的受众范围，让更多的消费者认识品牌。有效传播的品牌可以将企业与目标市场对接，为品牌和产品拓展市场奠定基础。品牌传播是诉求品牌个性的直接途径，是形成品牌文化不可缺少的部分。从品牌营销的角度来看，品牌营销与品牌传播都是通过企业和消费者之间的对话传播品牌理念。企业在营销过程中，广告部门、营销部门等都有各自的业务目标，虽然营销方法可能有所不同，但这些部门所有活动的目的都是为传播品牌服务。

3. 品牌延伸

品牌延伸策略是指企业将已经具有一定知名度和市场影响力的品牌应用于新产品和服务上,在原有品牌的基础上将新产品和服务投入市场,降低开发新市场的风险,提高新产品和服务在市场上的认可度。推进品牌延伸策略能最大限度地体现品牌价值,因此品牌延伸策略在企业品牌构建时被广泛应用。因为新产品和服务是依靠成功原有品牌的名声和口碑进入市场,企业实施品牌延伸策略时要对品牌资产进行合理配置,不能仅沿用原有品牌的名气打开市场,而忽视新产品和服务所能创造的价值,否则容易导致出现占用品牌资源但没有实现进一步传播品牌的问题,甚至会稀释原有品牌的价值,造成产品线混乱,浪费企业资源。

4. 品牌维护

由于市场是不断变化的,品牌内涵会随着外部环境的改变而改变,因此,企业的品牌维护策略也会随着市场的变化而调整,随着消费者需求的个性化而修缮。基于企业自身发展视角,品牌维护指企业为了维护品牌形象、维持自身品牌价值以及稳固品牌的市场地位而展开的一系列活动。基于企业与消费者之间的关系视角,品牌维护指的是企业为了获得消费者的信任,使质量导向型消费者能长期购买企业产品,而围绕维护品牌形象和美誉度所展开的一系列活动。品牌知名度、品牌美誉度随时都会降低,企业可以通过改善产品和服务的质量达到维护品牌的目的,预防因企业内部原因而引发的品牌危机。此外,以品牌核心价值为前提,合理的品牌扩张有利于降低品牌危机波及的可能性,维持品牌在全球市场的地位。综上可知,品牌维护是巩固品牌市场地位的重要手段。

5. 品牌形象

品牌形象概念由英国广告代理商奥格威(Ogilvy)于 20 世纪 50 年代提出,品牌形象是一个高度综合、复杂的符号,它是品牌属性、名称、包装、声誉和广告方式的无形总和。此外,还有学者将品牌形象分为产品形象、公司形象和用户形象三个维度,当消费者选择了某个品牌的产品,便可以说明消费者认可了该品牌的形象。一般来说,品牌形象的塑造分为物质、精神、行为三个维度。物质形象是产品本身所包含的内容,主要体现在产品质量上。物质形象是品牌形象的基础,也是品牌最直接的表达方式。精神形象是指企业在品牌构建过程中,在品牌文化、产品故事、品牌历史等方面赋予品牌的更深的内涵,代表的是品牌的无形形象,企业要结合品牌定位深入挖掘才能体现其价值,这也是品牌形象塑造的关键。行为形象是指企业在产品销售、推广、宣传等方面所采取的方式，它可以反映企业的经营理念和品牌内涵。

二、跨境电商的品牌构建策略

（一）"精品+铺货"方案仍然可行

在实证研究中，"AP"因素提及得最多，代表重点产品，即精品。打造精品仍是品牌构建的关键，叠加铺货策略，是具备可重复性的品牌构建路径。关注于产品核心价值的打造，是引领品牌构建走向成功的康庄大道。

（二）关注品牌本土化

从相关研究中可以看出，大多数研究案例呈现"小规模聚集"现象，品牌构建路径对于相似品牌间具有借鉴价值。跨境电商卖家面对的客户群体更加陌生、更加多样，此外，不同国家的人在消费偏好、消费观念、消费能力、产品需求、消费习惯等方面都不尽相同。

对于跨境企业而言，站点的展示、投放的内容等是品牌的"名片"，本地化程度不足会给用户留下负面印象，难以拉近与受众的距离。近年来企业在进入海外市场时，关注当地的语言、文化环境，以及当地消费者的购物和沟通习惯，对产品、服务和营销手法进行本地化调整，保证消费者在购物的全流程中收获流畅自如的服务体验。

全产业链时代的出海生态联盟逐渐建立。全产业链融合时代下，企业应该意识到产品本地化、合规化以及创新的重要性，以发展商业生态系统为基本路径，通过信息的流动和物质资源循环的相互作用，构建品牌出海生态统一体。

（三）树立品牌意识，积极参与品牌构建

过去几年的社会形势对各大行业的运作和发展产生了一定程度的影响甚至是打击，但随着情况好转，国内许多公司看到了跨境电商的商机，全球市场不断涌现出各式各样的中国品牌，如何在国内外众多品牌的包围之中打响名号，国内公司应该静下心来认真思考。综观国内的一些品牌，一味地将低价作为主要的竞争手段，忽视产品的质量，产品同质化现象严重。尽管国内公司都已看到"做品牌"比"卖货"更有前景，但是更多还是单纯逐利，追求业绩，缺乏品牌意识，忽视品牌的核心建设，长期来看还是无法对标国外的优秀品牌。如今，我国经济总量和国际地位都在不断上升，跨境电商行业也处于快速发展阶段。面对行业内部竞

争不断加剧，国内跨境电商品牌在全球市场难以突出自身优势的情况，国内公司应注重品牌构建和打造，着重体现自身品牌的独特性，坚持技术创新，从而形成长久的品牌优势。品牌构建过程复杂而又漫长，国内公司应转变先有产品、利润再有品牌的思维，树立品牌意识，并将品牌意识渗透到生产、销售、服务的各个环节中，从长远角度部署品牌构建战略。在机遇与挑战并存的时代，国内跨境电商品牌应把握机会，抓住机遇，重视品牌构建，发挥品牌优势，致力于打造具有竞争力的强势品牌。

（四）深耕供应链建设，提升消费者体验

供应链体系的建设与管理是我国企业品牌决胜未来的关键，也是跨境电商企业面临的一大难关。若想留住消费者，增强消费者再次购买的意愿，改善供应链管理质量、提升消费者购物体验势在必行。通过对一些企业的供应链建设进行分析可知，国内跨境电商企业可以通过形成合作参股的模式，建设有上下游产业集群的供应链生态环境，与各环节供应商建立可靠的合作关系，与供应商共享信息，提升产品的生产效率，缩短产品出厂的周期，更快更好地响应市场需求。传统"先产后销"的供应链管理模式很容易导致库存积压或者热销产品供应不足的问题出现，为了避免此类问题，跨境电商企业应从消费者需求出发，结合潮流趋势以及供应商之间共享的信息确定市场偏好，筛选出畅销产品，少量生产并投放市场进行测试，对滞销产品应采取尽快返厂重新设计的措施，直至将其打造成爆款，降低产品的生产成本。同时，要加强对供应链各个环节的品质控制，避免追求低价而放弃品质的问题产生。随着品牌生命周期的发展，当品牌由单一品类逐渐转向全品类平台时，全球供应链资源的整合就显得更为重要。品牌应明确自身的核心优势，在非自身专业部分可以与其他平台进行合作，在保证自身优势地位不被撼动的前提下，再向其他环节进行渗透，避免盲目扩张导致公司资源浪费。此外，通过调查显示，国际时装品牌 ZARA 可以做到让消费者在 3～5 天的时间内完成从下单到收货的整个流程，而国内跨境物流交货周期普遍需要 7～14 天。为了更好地参与全球竞争，我国跨境电商品牌应加快布局海外仓储和物流中心的脚步，搭建前置仓库从而提高物流配送效率。

（五）重视数字化运营，提高对市场的反应能力

在大数据快速发展的背景下，跨境电商企业必须意识到数字化运营的重要性与必要性。数字化运营有利于推进品牌规模化发展，有些企业会因其优异的数字化管理能力而对消费者需求的变化做出快速反应。然而，品牌数字化建设并非易

事，这并不是单纯地将线下业务搬到线上进行，而是需要从供应链、营销、渠道到销售以及用户等环节进行全面的数字化管理，建立大数据中心，包括生产管理、产品开发管理、运营管理以及用户关系管理的数字化等，对品牌所面向的市场、消费者数据进行分析整合。跨境电商品牌数字化运营，主要从"用户管理"和"公司运营"两个层面出发。在用户管理层面，跨境电商品牌需要运用大数据分析用户偏好，剖析消费者的购买心理，构建用户数据生态系统，对产品和服务进行优化改进，满足消费者的个性化需求，实现精准营销。在公司运营层面，跨境电商品牌要搭建智能管理平台，打通前后端信息流动渠道，实现业务数据实时共享，提高公司管理平台的运营效率，进而为消费者提供更好的消费体验。具备数字化运营能力一方面有助于捕捉消费者需求，提高自身对市场的反应能力；另一方面数字化运营使得公司每个业务都可预测、可评估，便于总结分析。因此，国内跨境电商企业应不断提高应用大数据的能力，打好品牌国际化发展的基础。

（六）提高海外营销能力，扩大品牌影响力

用户流量是品牌发展的基础，拉新和留存是品牌可持续发展的关键指标。我国品牌走出国门面临的难题之一便是难以在海外市场打响名号，难以提升品牌知名度。因此，品牌构建应积极开展线上线下营销，整合线上线下渠道资源，扩大国内品牌在全球市场的影响力。

首先，线上营销是品牌扎根更小众消费群体、拉动下沉品牌增长的重要手段。一些企业有着完善的意见领袖（KOL）、关键消费领袖（KOC）合作制度，通过内容营销传达品牌文化和品牌理念。利用消费者常用的社交平台进行品牌宣传运营，实时更新帖文维持品牌热度，保持与品牌粉丝的互动性。与KOL、KOC进行合作，赠送产品或给予一定的佣金，让其发布与品牌相关的内容，影响其周边的消费群体，扩大品牌的影响力，在提高老顾客忠诚度和留存率的同时积累新用户。

其次，线下营销对品牌海外传播也起着不可忽视的作用。在线上营销进行得如火如荼时，品牌辅之以线下快闪店、线下公益活动等营销手段，能让消费者与品牌近距离接触，弥补海外消费者实际体验感的缺失。"线上+线下"的营销方式是今后品牌国际化营销的发展趋势，应注意的是，不论是线上营销还是线下营销，都应扎根消费者偏好，以消费者参与度高的方式开展相关活动。

（七）注重人才队伍建设，驱动品牌发展

专业人才队伍的建设是品牌的核心竞争力之一，有助于品牌在人才对决的局

面中占据优势赢得先机。无论是什么行业、什么公司、什么品牌,要想长远发展必离不开专业的人才储备。尤其是对于跨境电商品牌来说,品牌建设人才的专业水平高、创新能力突出,是实现品牌在产品同质化现象严重且缺乏创意的行业内脱颖而出的关键。因此,企业应制定合理的跨境电商人才培养制度,从组织生产、平台运营,到设计、营销、供应链管理,形成环闭式跨境电商人才培养结构。跨境电商品牌的发展还取决于是否有专业的品牌部门进行管理,除了需要有美工设计、大数据支持、网络营销、售后服务、供应链管理等环节的人才,还应注重对品牌经理的培养,吸纳公司外部优秀的品牌构建管理人才,制定合理的绩效考核制度,营造良好的品牌构建氛围。人才是21世纪品牌发展最关键的资源,国内品牌要在不断打好专业人才队伍建设的基础上,以创新促发展,提升品牌在全球市场的地位。

第八节 跨境电商的支付方式

一、跨境电商支付的种类

若按进出口方向的不同划分,跨境电商支付可分为跨境电商出口支付和跨境电商进口支付。

(一)跨境电商出口支付

1. 信用卡方式

日常生活中所使用的信用卡主要是指发卡机构向社会公开发行的、根据持卡者的消费信用信息提供相应的消费额度的一种卡。持卡者可利用信用卡进行额度内的预支消费行为,并在一定期限内偿还本金与一部分利息,先消费再还款是信用卡的一大特点。

信用卡支付是以非现金形式交易付款的类型,在进行消费支付时无须使用现金,等到还款账单日时再进行支付还款即可。

采用商业银行信用卡进行消费付款时,通常具有线下支付、扫码支付、快捷支付以及手机支付四种常见的支付方式。

第一,线下支付。线下支付是指持卡者到线下进行POS机刷卡支付,实体店铺通过一台终端机器刷卡,付款人输入密码后,POS机便会把账户支付信息通过银联中心,发送到银行发卡系统,实现网络在线联机交易。最终,在POS机会上显示成功支付与否的交易信息，打印好相应的支付小票即支付业务交易完成。

第二，扫码支付。扫码支付是指一种搭建在账户系统基础之上的新型移动支付形式，在使用该支付手段时，经营用户可把移动支付宝交易账号、商品销售价格等所有移动交易账户信息直接扫描汇编后形成一个交易二维码，客户端也可以通过其他移动支付设备直接扫描这个二维码，实现与其他运营商家的移动支付宝或微信上的支付宝交易账户之间的在线支付和交易结算。目前我国市场上的大多数商家所采用的扫码渠道基本上都是利用微信或支付宝 APP 进行扫码支付。

第三，快捷支付。快捷支付指的是在消费者购买商品等待结算时只需提供银行卡号、用户名称或银行预留号等相关信息，第三方支付平台会即时将验证信息发送至消费者的手机上，待消费者将正确的验证信息输入完毕后，支付行为即可完成。

第四，手机支付。目前，移动端支付目前主要包括 Apple Pay、华为 Pay、小米 Pay 等。其中，Apple Pay 是苹果公司在 2014 年苹果秋季新品发布会上推出的。Apple Pay 是预先把信用卡和银行卡绑定在手机上，在进行消费支付的时候，同时打开手机和闪付功能，最终在 POS 机等终端上进行感应式支付。

跨境电商网站要开通信用卡支付网关，一般需要到第三方支付公司开通办理。把网关接口链接到外贸商家购物车的后台，外国消费者点击购物车下订单后点击付款，就可以进入支付网关界面。外国消费者在线填写信用卡的相关信息，就可以支付成功。此支付方式方便快捷，符合境外消费者的消费习惯，是外贸商家的一个有力助手。

2. 汇款方式

汇款是小额 B2B 的常用支付方式，买家收款的银行会收取手续费，有的时候卖家付款的银行也会收取手续费。汇款方式的优点：收款迅速，几分钟之内就可到账；先付款后发货，保证商家利益不受损失。汇款方式的缺点：先付款后发货，买方的利益得不到保障；客户群体较小会限制商家的交易量。这种方式较适用于单笔资金额度小但是客户群分布广的跨境电商网站或卖家。

3. 第三方支付方式

第三方支付是指具备实力和信誉保障的第三方企业和国内外各大银行签约，为买方和卖方提供信用担保的支付方式。在跨境电商支付方式中活跃着很多第三方支付公司，如 PayPal、支付宝、WebMoney、Qiwi Wallet、CashU 等，其中 PayPal 的国际市场占有率最高，但是在某些地区，其他第三方支付平台更为流行。

(1)第三方支付的概念

在此之前,支付系统就是由个人和银行建立一个关系网,也就是支付网络,这种关系网络能够进行清算的业务。但是这种方式是存在很多问题的,需要得到解决,这是因为客户缺乏和中央银行的联系。在新的发展背景下,中国电商的发展十分迅速,给第三方支付创造了良好的发展环境。

关于第三方支付,始终没有官方的定义。但其中比较被认可的一种解释是,第三方支付必须建立拥有一定信誉保障的独立制度,需要和很多相关的网络部门进行对接,实现网络支付,保障网络支付的安全。这种支付方式也被叫作非银行支付服务。实际上,第三方支付就是买家和卖家在支付交易的过程中资金的中转平台,仅仅为双方提供资金的代收代付,以促进交易的完成,不涉及资金所有权的转移。

(2)第三方支付的业务类型

网络支付也不是都是一样的,也是存在多样性的,但是目前互联网在线支付依然是主流的网络支付方式。在2021年,《非银行支付机构条例(征求意见稿)》又对第三方支付的管理进行了相关的职务细分,即执行功能分为了两个部分。第一种是储值账户运营,也就是在开通账号之后进行预付价值,银行根据客户的支付指令,将资金进行转移,实现了转账的功能。第二种就是支付交易服务,这种业务不需要账号和预付价值,只需要客户在互联网上进行操作,就可以进行资金的转移。

(3)第三方支付的功能

第三方支付具有资金清算服务、信息服务、信用担保、助力网络金融行业发展四个主要功能。

资金清算服务功能指的是第三方支付在消费者与合作金融机构当中充当媒介角色所产生的功能。在线上交易刚刚兴起的初期阶段,消费者在网店消费无法直接使用银行卡进行支付,所以出现了第三方支付,以进行相应的结算工作。后来第三方支付机构发现,在线上交易过程当中,如果消费金额由买方直接划入卖方,可能会对买方的消费权益造成一定的损害,采用第三方支付会起到中间账户的作用,借此来保障买方的资金权益。

信息服务功能指的是通过第三方支付软件获取信息并向有需求的用户进行展现的功能。在我国信息技术不断发展的过程当中,消费者对于信息获取的需求越来越明显,对于数据分析也有着强烈的需求,第三方支付机构的大数据应用水平较高，使得其在信息获取、信息处理和信息展示的功能性上十分强大，第三方支付平台的信息服务功能提高了消费者信息获取能力和效率。

信用担保功能主要体现在线上交易场景中。在交易的过程当中，买家和卖家无法进行面对面的交流，对于商品的信息获取仅仅是靠卖家的信息展示，买家对于卖家商品的信任感比较低，钱货两清的交易方式也很难适用于线上交易场景，第三方支付的出现，使得在交易行为产生后，买家付出的金额可以率先划分到第三方支付平台的账户当中，待到交易确认之后金额可自行划分至卖方账户。第三方支付的出现，既可以避免交易的欺诈行为，也能对交易的双方进行相应的履约监督。

助力网络金融行业发展的功能体现在它极大地转变了人们的消费观念和消费习惯，不论是在线上场景还是在线下场景当中，越来越多的人用线上支付的方式取代了以往的现金模式；也提升了人们对于现代化科技的认知程度。

（4）第三方支付的发展阶段

第三方支付最早兴起于美国。1998年12月，第一个第三方支付平台——PayPal由企业家埃隆·马斯克（Elon Musk）、马克斯·列夫琴（Max Levchin）和彼得·泰尔（Peter Thiel）三人共同成立。PayPal是目前世界上最大的第三方支付平台。我国的第三方支付相对国外起步较晚，初期发展得相对缓慢，随着电子商务的发展和互联网技术的逐步成熟，我国的第三方支付也得到了快速发展。从发展历程上看，我国的第三方支付主要经历了四个阶段：探索发展时期、迅速发展时期、监管完善时期和趋于成熟的发展阶段。

第一，探索发展时期。1999年到2003年是我国第三方支付发展的第一阶段，这一阶段的第三方支付处于探索发展初期。1999年北京首信成立，首信易支付是我国首家第三方支付平台，主要提供简单的网上交易支付网关。由于第一次接触第三方支付这类新兴事物，再加上对其支付模式不了解，人们的认可度不高，也不敢轻易在网络上尝试支付结算，因此用户数量少，交易量不多，第三方支付发展缓慢且影响力不大。

第二，迅速发展时期。随着电子商务的兴起，我国的第三方支付迎来了迅速发展时期，2004年到2010年是第三方支付发展的第二阶段。2004年12月，第三方支付平台支付宝网络科技有限公司成立。依托淘宝网购物平台强有力的影响和电子商务的快速发展，支付宝的交易规模也迅速增长。支付宝作为支付中介机构，在网络交易过程中为淘宝网的买卖双方提供了一个资金暂时存放的平台。该平台有效解决了交易双方的信用风险问题，从而保障了交易的顺利进行，待交易完成，支付结算也同步完成。支付宝从淘宝网中独立出来，不仅意味着第三方支付为货币资金的流通提供了新的渠道,也意味着第三方支付正逐渐从依附于银行发展走向独立发展的新阶段。在这一阶段,支付宝的支付模式为第三方支付平台的发展奠定了良好的基础。2005年9月,腾讯公司推出财付通在线支付平台,随后,百度钱包、快钱等第三方支付平台纷纷出现。第三方支付开始进入蓬勃发展、百花竞放的黄金发展期。随着第三方支付平台的多样化,第三方支付的用户量大幅度上升,市场规模迅速扩大。从交易量上看,2006年到2010年间,我国第三方支付的交易量分别为387亿元、725亿元、2356亿元、5550亿元、10858亿元,五年间交易量翻了近28倍。

第三,监管完善时期。2011年到2015年进入第三方支付迅猛发展阶段,这一阶段的第三方支付交易规模呈井喷式增长。这种迅速扩张更多是处于粗放发展阶段,缺乏相关法律制度的约束和规范,导致第三方支付在网络支付的安全问题上存在隐患。为保障第三方支付的稳健有序发展,我国相继出台了一系列关于第三方支付的法律法规。其中,中国人民银行颁布的《非金融机构支付管理办法》中,明文规定了"非金融机构提供支付服务,应当依据本办法规定取得《支付业务许可证》,成为支付机构",并且将第三方支付机构纳入监管范围。至此,我国的第三方支付开始进入监管完善阶段。从2011年中国人民银行颁发了首张第三方支付牌照以来到2015年,中国人民银行共给270家第三方支付机构颁发了支付牌照,其中有4家因涉嫌非法吸储、大量挪用客户备用金等违规行为被中国人民银行注销支付牌照。这意味着我国对第三方支付的监管越来越严格,第三方支付机构不仅要依法成立,更要合法合规经营,一旦涉嫌违规,中国人民银行将会取缔支付牌照。

第四,趋于成熟的发展阶段。2016年至今是第三方支付趋于成熟的发展阶段。2016年,第三方支付行业中业务量最多的类型便是移动支付。到2019年,社会上绝大部分消费者都是使用移动支付进行交易。自2017年以来,线下二维码扫描支付交易成为社会主流趋势,且线下移动端应用支付的现象大大超过线上支付交易,第三方支付场景由线上逐渐转向线下。经过几年时间的发展,我国第三方支付的使用用户在数量上获得了迅猛的提升,交易量也日渐增多。截至2020年底,我国移动支付用户规模达到8.54亿,移动支付业务1232.20亿笔,金额432.16万亿元。2021年由中国银联开展的关于移动支付安全的调查报告结果显示,在2021年移动支付在一线城市居民中的使用金额已经达到了月均5000元,月均消费额占比超过八成。五线城市居民月均移动支付支出金额在3000元以上,在月均消费额中占比高达九成。

这段时间，政府对于第三方支付业务的风险防范和监管措施也在不断推出，同时出台了多项法规和政策来规范第三方支付的发展。2016年，中国人民银行宣布不再颁发新的支付牌照。与此同时，中国人民银行还不时下发针对第三方支付机构的行政处罚，金额少则数万，多则数千万，表明了政府对于第三方支付监管的决心和力度。

经过四个时期的发展，我国的第三方支付呈现出以下的特点。

第一，百花齐放、两家独大。易观数据2021年的《中国第三方支付综合支付市场季度监测报告》的数据显示，我国的第三方支付平台呈现出百花齐放、两家独大的现状。在两百多家获得支付牌照的第三方支付机构中，支付宝的交易份额占比接近于整个市场份额的一半，财付通其次，占比约为整个市场份额的三分之一。尽管银联联合各大商业银行强势推出银联商务APP——云闪付，来对抗支付宝、财付通，却也无法撼动前两者在综合支付市场的地位。银联商务市场份额占比虽名列第三，但市场份额占比与前两者相比相差悬殊，仅占7.19%。第三方支付平台的发展之所以会呈现出百家齐放、两家独大的现状，一方面是因为支付宝是国内首批推出的第三方支付平台之一，经过长时间的发展积累了大量客户，培养了用户的使用习惯。并且支付宝是依托电子商务平台淘宝、天猫发展而来的，承载了这两大电子商务平台的所有电子支付交易业务量。另一方面是因为财付通是建立在腾讯的两大社交平台——QQ和微信上的第三方支付平台，这两大社交平台的用户量达数亿，从而使财付通所占的支付业务市场份额排第二位。

第二，交易规模迅速增长。第三方支付分为互联网支付、移动支付、跨境支付。随着智能手机的普及，移动支付发展迅速，各类电商平台从电脑端走向移动客户端，给移动支付创造了更多的消费支付场景，促进了第三方支付行业的发展。中国支付清算协会的数据显示，从2013年起，我国的第三方支付交易规模增长趋势呈J形。由2013年的17.75万亿元增长到2020年的271万亿元，增长了14倍。

（5）第三方支付的风险

第一，资金安全风险。第三方支付交易平台需要通过绑定银行卡来完成交易，有大量客户也会通过第三方支付平台的增值服务进行理财，银行卡账户通常会产生余额。一旦客户信息泄露或者第三方支付平台存在安全隐患，客户的资金就会有盗刷风险。近年来，第三方支付平台推出了借贷服务，凭借较大的信用额度和较低的利率吸引客户办理。但申请过程中往往需要填写个人基本信息和银行账户信息，如果第三方支付机构管理不当，可能出现恶意扣款事件。除此之外，随着科技水平的提高，出现了免密支付，就是在一定的额度之内客户无需输入密码或者指纹就可以直接付款。很多第三方支付会在客户不知情或者不了解的情况下设置默认开通此功能，这样也会给客户的资金安全带来威胁。

举例来讲，2021 年，东方电子支付有限公司卷入恶意扣款风波。数百人通过一个叫"信用优享"的应用软件在线申请贷款，将自己的个人信息提交之后，没过多久就发现平台不经过本人同意，强行购买了一款价值 395 元的个人报告产品。汇元银通（北京）企业的在线支付同样存在着技术问题，在其网络平台上，显示用户拥有一定的贷款额度，并通过广告或者宣传的形式来吸引更多用户进行绑卡与资料的填写，利用手机验证码来对用户进行 295 元的强制扣费。这种恶意扣款的行为给客户造成了经济损失，存在安全隐患。

第二，违约风险。违约风险主要以交易双方的违约风险以及第三方支付平台的违约风险为主。在交易双方的违约风险上，买方在线上购物的场景当中，不仅可以使用现金支付的方式，也可以使用花呗、京东白条等贷款类的支付方式，如果买方没有及时对所欠贷款进行相应的偿还，那么必然会导致卖方无法收到相应的货款，给卖方带来严重的经济损失。而对于卖方来说，如果在接收到订单信息之后，不能及时向买方发送货物，也会导致卖方的违约。在第三方支付平台的违约风险方面，由于可能存在的网络安全漏洞，消费者或商家的账户信息密码等都可能存在被泄露的风险，而第三方支付平台本身所能够承担的责任却十分有限。

第三，虚假交易风险。由于互联网交易的无形性、迅速性、便捷性，加上第三方支付没有成熟的组织机构和监管系统，很多不法分子会利用第三方支付平台进行虚假交易，比较常见的是洗钱和套现。

洗钱就是不法分子通过某种途径使所得的非法收入转变为合法收入。因为还不能够对交易双方开展交易的实际身份和内容做出准确管控，所以第三方支付具有一定的隐蔽性，因此不法分子很容易利用各种非法网站从事非法集资、电信诈骗等违法犯罪行为，或者利用各种规则漏洞逃避纳税。不法分子通过第三方支付平台进行洗钱的方式通常有三种。第一种是利用商务 POS 机伪造交易数据进行套现；第二种是将违法所得的资金通过各种支付平台在线交易，购买线上虚拟电子产品后转手售卖套现；第三种是在多个支付平台转账交易以躲避公安及司法机关的追查。

举例来讲，2020 年在河北就发现了以第三方支付为工具进行的网络犯罪案件。在案件当中，犯罪团伙开发了多款网络平台，其主要的开发目的是为境外的赌博网站的非法商户提供资金的支付通道。在其开发的聚合型平台上，支付宝、京东支付、微信支付等多个第三方支付方式都是能够支持的，甚至在平台上可以绑定相应的账户信息与银行卡信息等，极大地提高了非法资金流通的便利性，最终涉案累计金额高达14亿元。

在现实的情况当中很多人具有较多的信用卡贷款或者网贷，因无法及时进行偿还，所以来借用花呗等贷款渠道来进行虚假的网络套现。具体方式为信用卡或者网络借贷的持有人通过虚假购物的形式先进行透支购买虚假商品，然后联络商家虚假发货，持有人确认收货后商家获得货款。商家扣除服务佣金后打款给买家。整个过程无实物交易，却完成了资金的套现。另一种比较常见的套现方式是非法买卖POS机，通过刷卡从而实现套现。

中央电视台新闻频道在2020年年终播出的《新闻直播间》中有关于非法套现的报道，节目中犯罪团伙利用POS机完成资金的非法套现，从中获利超过3000万元。犯罪嫌疑人通过非法手段注册特约商户POS机，通过张贴小广告、发送短信、微信群等途径宣传信用卡代还、套现等服务，从事信用卡刷卡套现、非法支付结算等违法活动，从中赚取手续费。

第四，信息泄露及盗用风险。第三方支付进行用户注册时需要提供身份证和姓名等信息，个人手机号和银行卡号也会被登记在册。同时，第三方支付机构还要收集用户的使用设备信息，通常会把用户的硬件型号和设备地址还有操作系统类型做出识别记录，部分支付机构还会收集用户的相册、录音机等信息。在没有获得用户许可的情况下，为了自身业务发展，第三方支付机构会擅自收集、分析甚至泄露用户的信息。那么用户的重要信息可能会被他人利用，给用户的正常生活带来很大的困扰。用户可能会时不时就接收到各种宣传广告信息，隔三岔五就会接收到骚扰电话，甚至可能会使用户财产受损。

举例来讲，2019年在江苏发生了个人信息泄露的案件。犯罪分子利用网络安全漏洞获取第三方支付企业的身份验证信息，并在获取信息之后储存了超过1亿条公民的个人信息，该犯罪团伙以北京考拉信用调查服务有限公司为核心，通过企业合作的方式盗取个人身份信息，涉案金额超过3800万元，用户信息的严重泄露也对诸多消费者产生了财产、信息安全等多方面的损害。

（二）跨境电商进口支付

1.境外网站购物支付

跨境电商进口支付主要用于本国人在境外电商网站购物并通过境外网站提供的支付工具进行支付。一般说来，境外电商网站提供信用卡、PayPal以及其他具有地方特色的支付方式。国内银行发行的双币种Visa或MasterCard信用卡都可以直接用于进口支付，还款时银行会自动转换成人民币金额。

2.境内进口电商网站支付

为了方便国人购买进口商品，政府和境内电商网站也在积极搭建进口商品平台，吸引外国品牌入驻商城。在这种情况下，国内消费者都可以使用境内常用的支付工具支付，由支付机构负责换汇，把货款打给境外商家。

二、跨境电商支付的主要流程

我国跨境电商支付主要有两方面的需求：一是中国消费者在跨境电商平台上购买国外的商品或服务，需要把人民币转换成外币，打入外国卖家的账户，也就是跨境电商进口的付汇业务；二是中国卖家在跨境电商平台上出售货物或服务，需要把外国消费者通过信用卡或第三方支付工具支付的外币转换成人民币，再打入中国卖家账户，即跨境电商出口的收汇业务。下面以第三方支付的业务流程为例，主要介绍两种第三方支付流程。

第一，无跨境外汇支付业务牌照的第三方支付流程。尚未获得该资质的第三方支付机构，一般通过与境内外商业银行或国外信用卡机构合作，来完成跨境支付。这种支付方式的支付过程和人民币兑换需由其他托管银行来实现，通过境内外商业银行或国外信用卡机构来代理购汇。

如果第三方支付机构想要与上述机构合作则需要获得相应的合规资质。该种支付机构开展跨境出口电商结售汇业务时，主要流程为境外个人在境内网站浏览产品并下单，支付货款后，国际卡组织会进行信息确认，得到授权信息后就会向目标账户，即与该机构合作的境外金融机构划款，该笔款项会暂留在该种支付机构开立在境外的银行账户上。境内该种支付机构会得到账户更新信息，紧接着在确认消费者已交付货款后，会马上要求境内网站发出已下单产品。经过全球物流体系运转，境外个人收到产品后，点击确认收货，此时，留在境外账户的款项会被转账给境内该机构。经过央行的人民币兑换，再将该笔货款转移到该机构的境内合作银行，最后由该种支付机构划款给境内网站。

该种支付机构进行跨境进口电商结售汇业务时，主要流程为境内个人在境外网站浏览商品并下单，但此时的商品价格显示的是外币，如国内消费者在亚马逊上下单则显示美元价格。个人需要将对应的人民币金额交付给该支付机构，该机构会通过卖方境内的合作银行来与央行进行人民币兑换，并进行对应的货款购汇。此时，该笔款项会暂留在该种支付机构开立在境外的银行账户上。接下来，在境外商户收到跨境电商平台发出的付款成功提醒后，发出货物并更新物流。直到境内居民收到货物后，确认收货信息。留在境外银行账户的货款会发出转账申请，经过国际卡组织结算后，商户的银行账户会进行余额更新。

第二，有跨境外汇支付业务牌照的第三方支付流程。已获得该资质的第三方支付机构，则可直接取代境外代理行的角色，全权负责与境内相关金融机构的业务沟通，缩短了卖家收款的时间，也保证了款项的合规安全性。而上述金融机构也通常为跨境电商开展购付汇和收结汇两个服务。前者一般是指消费群众在通过电子商务等网络平台选购商品时，由第三方支付机构为其进行直接购汇或跨国付汇的服务。而后者则是指第三方支付机构帮助中国境内的卖家缴纳外币或进行人民币兑换。

该种付款机构所开展的跨国出口电子商务收结汇服务的主要流程如下，在境外消费者下单后，其开户行会将货款划账给该种支付机构，该笔货款会进一步进行跨境转移，此时，该种支付机构可向境外央行报备外汇流入，再由央行将货款转给该种支付机构，一旦买家确认收货，该种境外支付机构便可直接划账货款到商户银行账户。

该种付款机构所开展的跨国进口电子商务结售汇服务的主要流程如下，在买家浏览某商品并下单支付后，该种支付机构收到货款，接着通过央行进行人民币汇兑，把对应的外币转账到境内的该种支付机构账户，一旦买家确认收货，该种境外支付机构便可直接将货款划到商户的银行账户。

三、跨境电商支付方式的发展建议

区块链技术的出现及其应用优势创新性地解决了跨境支付领域众多的现存问题。基于区块链技术的中国跨境电商支付方式的发展建议如下。

（一）政府角度

针对数字货币制定完善的法律法规。首先，采取实名制度，要求所有与区块链有关的平台必须完成实名认证，监管机构也要对平台进行严格的管理，保障使用者的权利。其次，构建数字货币交易管理系统，并建立相关的法律保障机制，同时要求网络平台未经用户授权禁止向第三者买卖及转移与消费者有关的数据，以防止使用区块链等技术平台进行税务和非法资金转移等违法行为。最后，为防止区块链付款等交易平台发生监守自盗和被恶意攻击的情况发生，规定各商品交易网络从登记注册、经营、投资，直到破产清算都要接受相关部门的监督并实施对区块链付款体系的长效教育制度。

(二)跨境支付机构角度

首先,在区块链应用之中,跨境支付机构如 PingPong Pay 平台需要与国内外技术主体进行深入沟通,要精准把控科技发展趋势,如参与到国内外区块链联盟中,成为联盟中的一员,强化技术沟通,根据国内法律规制,围绕跨境结算业务,探索区块链技术的应用,吸收并借鉴国外的成功做法及经验。其次,为了能在国际区块链标准协议的设计中拥有一定的话语权,该平台应协同银行协会组织、区块链专业协会组织等展开深入的合作和沟通,推动区块链技术升级,根据自身优势、特征等将区块链技术与业务融合,保持二者的统一性。最后要重视该方面人才的培养与引进,加快区块链的建设,积极进行人才储备,完善人才管理系统。

第九节 跨境电商的营销策略

一、产品流管理策略

(一)完善需求预测

伴随着市场的多样化,市场需求预测环节中将存在更多的不确定性。当前一些跨境电商企业传统的需求预测模式已经不能满足当前的需求,所以应当根据目前的市场环境和跨境电商相关数据,完善企业的需求预测系统。

预测离不开数据的支持,所以应当首先完善跨境电商企业现有的销售数据管理统计体系。需要保持企业销售数据的连贯性,将发货数据统一为客户需求的数据。再挑出数据中所包含的异常值。再通过销售数据的变化来判断商品的销售是否存在固定性和周期性,并根据产品生命周期的不同从而进一步对各类商品进行细化分析。最后对销售数据进行有效的统计管理后,再基于指数平滑法理论,针对跨境电商企业的产品需求进行准确的市场需求预测。

(二)寻找稳定的合作供应商

目前一些跨境电商企业并没有稳定的合作供应商,导致其采购流程的时间成本较大,从而降低了企业的订单交付速度。跨境电商企业可在前期采用广泛撒网的方法。利用中国国内各类贸易网络平台,先挑选 N 家合适的供应商,再制作一个 EXCEL 表单列明企业姓名、联络方法等。把供应商产品的靠谱程度细分成

ABCD 四个层次，进行初步甄别，之后进行实地考察。再根据需求预测，筛选合适的几家供应商，与这几家供应商进行一定时间的合作后，从中选出综合质量最高的供应商进行长期的战略合作。这样不仅可以提高订单交付速度，还可以提高对商品的把控力。

（三）优化库存管理

目前部分跨境电商企业虽然有属于自己的海外仓，但是库存管理不到位，不能快速跟进客户需求，导致产品积压。所以，首先，企业应当合理地进行库存分类，提高库存精度。其次，需要统一企业标识与规格型号，减轻企业对于库存的核对压力，减少重复采购。最后，需要确定重新订购的最佳时间，通过再订货点公式，即再订货点（ROP）=提前期需求+安全库存，确保库存既不会占用过多的空间，也不会导致商品积压。

二、产品服务策略

（一）优化产品结构

从目前跨境电商产品的分布情况可以得知，平台大量的产品不管是新进入的还是现有的都集中在比较低的价格区间。随着市场经济的发展，消费群体的消费能力及消费需求也在发生变化，为此面对产品的结构，跨境电商平台首要考虑的就是以顾客为中心，根据市场最前沿的需求及时优化产品结构，扩充产品的类别。新入驻的中小型商家由于自身运营能力有限，对国外消费者市场信息和趋势了解得不够深入，普遍采取的方式可能是跟卖，针对热卖的产品进行复制，此种行为虽在一定程度上可以为商家带来利润，但不利于长期发展，为此跨境电商应该引导商家根据自身运营的特色，参考平台提供的热销类目，对发布的产品结构进行优化，而不是简单跟卖。

伴随着互联网经济的发展及人民生活水平的提高，平台方也应引导商家积极地与当地消费者进行沟通，找准目标市场契合点，为当地的消费者提供更多有当地特色的产品，满足消费者多样化的产品需求，提高市场竞争力。

（二）产品品牌化

消费者是一次性交易还是多频次地忠诚购买取决于平台所提供的商品给客户带来的体验。因此，需要重视对产品供应链端的管理，提高产品质量，在供应链源头就把好产品质量关，使更多优质品牌入驻平台。在发展初期，商家入驻平台的门槛不高，很多产品并没有品牌，由此给消费者带来的体验并不好，部分消费者认为平台在出售假冒伪劣产品。为此，跨境电商可引导现有入驻商家提升对产品品牌的重视度，鼓励商家出售品牌产品。

目前国内供应链丰富，且政府发布了各种有利于外贸出口的政策，跨境电商可在现有环境下积极加大力度引入国内优质的品牌。很多优质的中小品牌在国内市场发展得很好，其对跨境市场有抵触并不会主动地入驻平台，为此跨境电商可设立专门的线下品牌招商团队，针对性地与此类型品牌厂家进行对接，积极地引导，并为其提供专属的入驻服务，以此吸引更多优质厂商入驻，助力优质国货出口。

（三）构建生态化的产品服务体系

跨境电商平台具有双边市场的特性，面对的用户既有消费者也有供应商。在互联网时代，电商平台所提供的产品和服务是相互链接和关联的，消费者、供应商、服务商通过各种各样的方式链接成一个生态化系统。如商家通过跨境电商平台在线上将产品销售给消费者，线下的服务商如物流派送商根据商家在平台上的订单情况将实体产品送达消费者。与平台相关的服务和产品，均需要通过其进行延伸。为使各方用户满意，跨境电商可通过与各方协同合作，将产品和服务、数据信息等汇集起来，利用技术构建生态化的服务体系。如入驻商家可通过平台提供的大数据分析服务瞄准消费者的需求，为消费者提供精准的产品和服务。而平台则针对消费者搜索习惯和爱好，为其提供智能化的产品推荐服务，减少其收集信息或选购的成本。服务商则可通过与平台的官方合作为商家们提供精准的服务项目，如产品的批量上架、图片的优化等。

平台构建生态化的产品服务体系，有助于更好地管理与之相关的产品和服务，同时与相关合作商的分类别合作有利于平台更长远地发展。

三、价格策略

（一）合理定价

价格是展现和创造价值的一部分，一些跨境电商平台目前主打的就是低价优质策略。在平台发展的初期，低价确实可以吸引大量的客户聚集平台进行购买，平台通过对商家和消费者的补贴获得网络的外部效应，但在平台后续的发展中，应尽量减少因低价带来的不良影响，为此在价格策略的制定上，应结合实际情况采用多种定价方式，而不是单一的低价模式。为此平台可在洞察消费者需求的基础上，引导商家采用多重定价组合模式和新型的定价模式来吸引消费者购买商品。如商家可根据商品的具体销售情况采用不同的定价方法，对于销售量少的产品，可根据消费者的购买量对产品动态定价，随着购买量的变化，产品价格也会有相应的变化，购买数量越多，价格越便宜。而针对热销产品，则可引入新型的定价方法，如概率化定价，即在满足消费者需求的基础上，将不确定性引入价格设定的要素当中，创造出一种"虚拟"的产品服务，此定价方式不仅可以有效地管理消费者的预期，而且也可以在一定程度上增加消费者和商家的互动。例如，平台目前有款杯子热销，价格一样的情况下红色杯子是卖得最好的，选购蓝色杯子的消费者较少；为此商家可以将蓝色杯子的价格降低，看消费者是根据喜好还是价格选择自己所需的产品，此购物过程也充满了新奇感，也可减少消费者因为没买到红色杯子而产生的后悔成本。

（二）设定会员体系

随着平台的发展，平台的消费者和商家数量会越来越多，在此情况下，平台可根据商家和用户对平台的具体使用情况，有意识地对用户的预期进行管理，可设定会员体系，对不同的用户设定不同价格，提高平台的收益。如针对商家，平台可在提供现有服务的基础上对其进行分类，设定相应的平台规则，提供不同的会员服务。如可按照店铺业绩的大小额外提供增值服务或是更多的商家补贴和流量引导，以此来激励商家更好地运营店铺；针对消费者，一方面提高所提供产品和服务的质量，另一方面则可以按照其购物的频率和金额为其提供不同层次的价格优惠或是额外的增值服务，购买量越大，所享受的价格越优惠，以此来增加消费者的黏性，培养其对平台的忠诚度，促进平台的长远发展。

四、便利策略

网络购物最大的优势在于它的便利性，它因不受时间的限制、打破了地理的壁垒，越来越受到人们的喜爱。当前，商家通过网络进行的营销已经变得十分便捷，但是在多平台营销、支付服务、物流体验等方面还需要进一步完善。

（一）优化网购环境

网购和线下购物一样，高品质的体验环境更能够促进交易的成功。消费者对线上购物环境的需求主要表现在以下两个方面：一是希望选择的网站页面信息能够简单明了、通俗易懂；二是在顾客选到心仪的产品时，购买流程要尽量简单。因而，商家在给顾客营造良好的购物环境时，一方面，需要对网站进行精简，减少顾客搜索的时间，赢得顾客好感。另一方面，尽量使购买优化，消除产品购买的某些不确定性因素和降低消费者的不信任度。具体做法如下：设置简单、便利的购物流程，设计通俗易懂、简单明了的页面，设计准确的产品目录，做好产品索引导航，方便客户快速找到想要的产品；同时针对每个产品设置独立的流水号和识别码，建立清晰的、优质的网购环境。

（二）多平台营销

当前，部分跨境电商企业对平台营销的关注度不够、力度缺乏，在国外开通的平台也较为局限，因此，跨境电商企业需要建立多平台营销模式。可以通过开通以下平台实现多平台营销：一是在脸书上开通账号，与客户保持互动，赢取关注度；二是开通阿里巴巴国际站，拓宽市场；三是跨境电商企业创建公司的专属网站，可以在 Google 上购买流量，让通过 Google 搜索的客户能够方便地找到对应的跨境电商企业，便捷地浏览公司展示的产品；四是利用社交媒体与社交软件。当前，某些社交媒体 App 客户流量巨大，"流量即商机"，充分利用社交媒体与社交软件，可以让产品随着流量的红利实现良好的营销。适当地多构建平台，不仅可以增加跨境电商企业的销售渠道，更重要的是跨境电商企业可以以低廉的平台服务费实现销售额的大幅增长。因而，采用多平台营销模式，开通在多个常用的网络社交平台上开通服务账号，是增加跨境电商企业的销售量的重要渠道。

五、渠道策略

在互联网市场上，渠道可分为两类，一类是线下渠道，另一类是线上虚拟渠道，在跨境电商平台后续的发展中应将两者相结合。

（一）采用全渠道策略

电子商务因其低廉的价格和便捷的物流服务而受到消费者的喜爱，电商平台的发展导致实体店的利润受到影响，很多实体店受其影响选择了关闭。相比于传统实体店的关闭情况，国内一些电商平台却通过开店的模式开始布局实体。例如，阿里的农村淘宝服务站、盒马鲜生、小米线下体验店等。跨境电商平台在本质上属于电商平台，可参考国内电商的做法，在渠道策略上可以增加还没有开展的线下销售渠道或是与其他物流公司协同合作，布局物流派送最后一公里的末端市场。由于电商平台的虚拟性特征，消费者在平台缺少购物体验，而线下实体店的运行则有助于满足消费者场景体验的需求，有助于品牌的提升。与此同时，随着电商平台竞争的激烈化，平台产品服务同质化现象严重，线上很多缺乏服务价值的产品基本上会被优化掉。而将线上渠道与线下渠道结合，可以为用户提供更全面贴心的服务，实现与消费者的全渠道触达。

（二）提升物流服务

针对物流渠道，跨境电商平台在完善自有物流体系的基础上，可加强与当地第三方派送公司的合作，实现信息数据共享，提高物流管理水平。目前大多数跨境电商平台采用的物流派送方式主要是SLS（Shopee Logistics Service）和第三方物流公司派送。建议加大与第三方派送公司的合作力度，将相关派送信息共享，利用各种技术客户端及商家中心后台显示物流派送情况。对商家来说，明确掌握货物的输送情况，有助于提升客户对商家服务的满意度。相对应的平台也应对运输效率和运输管理水平进行提升以减少运输带来的商品损耗。同时提升平台客户服务的效率及质量，对不同消费者的诉求进行追踪及分类，以更好地满足消费者的需求，做好口碑服务。

（三）优化交易流程

目前消费者在平台上的支付体验并不好，一方面是因为平台的支付方式比较复杂，另一方面是因为平台退货退款流程复杂不透明。为此，平台应加大在支付端的技术和资金投入，在保障用户资金安全的基础上，改善消费者的支付体验。同时，也应简化退货退款的流程，在退货流程上可与第三方物流合作，提供上门取货退货的服务，在退款的返回上，加强同当地政府及金融部门的合作，缩短退款到账的时间等。

六、促销策略

（一）合理设置促销活动

目前一些跨境电商平台在各大目标市场中推出了大量的促销活动，如限时抢购、每月促销、免运包邮等，一方面以促销的方式吸引消费者，另一方面也通过各种激励方式鼓励商家参与。但在网络营销中，促销活动不一定是力度越大越好，其既要关注交易的达成，也要注重和用户的互动。而商家参与促销活动的目的是获得想要达到的效果，比如说新入驻的商家，为提高品牌的曝光度和熟悉度，在初期可积极参与平台的各项活动，以此来提高产品在平台上的知名度。当商家规模发展到一定程度的时候，就可以选择比较合适的促销活动。因此，平台应根据不同商家参与促销的目的，为其推荐不同的促销活动。

商家可根据自身情况选择合适的促销活动，而不是全部参与。过多的促销活动在一定程度上不仅会让企业增加成本费用，也会给消费者带来不良体验，一旦促销活动不再继续，其产品就无法售出，容易造成适得其反的结果，同时较高的营销费用致使平台和商家不但不能盈利，反而会造成净利润下降。

为此平台在大数据分析基础上应结合具体的调研报告，一方面，对不同需求的消费者推送精准促销信息，另一方面，引导商家根据自己的实际情况选择合适的营销活动进行参与，进而使促销活动的效果达到最优。

（二）加大宣传力度

目前部分跨境电商平台的宣传力度不大，相比于亚马逊、eBay 等跨境出口电商平台，其知名度和影响力都不够，为此跨境电商平台应在国内全方位进行宣传。大多数跨境电商平台目前在国内虽有自己的官网、微信公众号、微博等国内常用的网络媒体，但其宣传推广的作用没有充分发挥。为此平台应在现有宣传渠道的基础上加大宣传力度，从多方面进行平台推广，采用线下和线上相结合的全景式整合传播方式进行传播。如线上可利用搜索引擎推广的方式，获取更多搜索引擎流量，目前国内使用比较多的为百度搜索，可与百度搜索建立合作关系。利用门户网站如新浪、腾讯网等进行导流，如可通过付费推广在社区频道外获取流量。同时在社交媒体上，与新浪微博、微信合作进行内容营销，如可创造时下热门的话题吸引用户转发，引发对平台的二次传播等。针对线下的推广，则可借鉴相关跨境电商平台的成功做法，不局限于线下招商会的模式，积极地融入当地社会，在货源充足的地方进行精准的广告投放等。

第五章　基于产教融合的跨境电商人才培养路径

随着经济水平的不断提高、科学技术的飞速发展，在新的时代背景下，跨境电商产业逐渐成为对外贸易新业态之一，各大高校也开始重视跨境电商人才的培养。未来的对外贸易局势，机遇与挑战并存，因此，应推动产教融合，更好地服务区域经济的发展。本章分为跨境电商人才培养的目标定位、产教融合培养跨境电商人才的必要性、基于产教融合的跨境电商人才培养策略探讨三部分。

第一节　跨境电商人才培养的目标定位

一、跨境电商岗位类型

跨境电商人才培养的就业岗位广泛又集中，广泛是因为岗位涉及商务交易的整个流程，集中是因为跨境电商流程的每个环节都环环相扣，基本上都是依托或针对跨境电商平台进行操作和工作的。从跨境电商岗位类型来看，可分为技术型、商务型和管理型。

（一）技术型岗位

技术型岗位包括美工、网络维护员、数据分析员等，这些岗位重视计算机操作能力，对专业要求较高。

（二）商务型岗位

商务型岗位包括跨境营销专员、跨境采购专员、新媒体编辑、商务翻译、跨境运营专员、国际市场推广员、跨境客服、跨境销售、跨境物流专员、外贸单证员、外贸跟单员、外贸业务员、报关员等，岗位较多，人员需求量也较大。

（三）管理型岗位

管理型岗位包括运营组长、店长、站长、经理等，工作内容包括负责网络营销策划、跨境电商平台运营、网络销售与推广、产品开发与采购等，对管理决策能力和职业综合素质要求较高，是高校毕业生从事跨境电商行业 2～5 年后的晋升目标岗位。

二、跨境电商人才培养职业技能目标

一是通用能力要求，具备熟练地操作常用计算机软件的能力；具备较强的口语交际、阅读和表达能力等。

二是专业能力要求，能够把握国际政治经济形势的动态，具备市场调研、预测和分析能力；熟悉各种跨境电子商务平台和搜索引擎，能根据企业跨境经营的需要开展市场调研、信息收集、分类统计等工作；熟悉国际贸易业务流程，能够把握跨境电子商务中物流、信息流、资金流的动向；能够独立完成产品选品、上品、回复客户咨询、成本核算与报价、合理选择跨境物流方式等业务；能够根据客户需求制定差异化的营销策略。

三、跨境电商人才培养综合素质目标

跨境电商行业需要从业人员具有健康的体魄、吃苦耐劳、积极乐观的职业心态，有较强的法纪意识，遵纪守法、品行端正。跨境电子商务从业人员的流动性非常高，主要原因是行业起薪较低，工作量大。对武汉某跨境电子商务企业的调研显示，业务岗位员工工作时长达到 10 小时，一般从早上 8 点一直工作到晚上 6 点，大多数员工会加班到晚上 8 点。为了及时回复客户咨询，有些岗位要做到全天候 24 小时及时响应，周末实行单休制，平均周工作时间长达 60 个小时。另外，跨境电子商务的工作内容相对单调，需要长时间利用互联网和通信设备，对员工的耐心也是一种极大的考验。

第二节 产教融合培养跨境电商人才的必要性

我国产教融合思想可见于儒学创始人孔子（春秋末期）在《论语》中提倡的"学以致用"。后来明朝思想家王阳明在贵阳文明书院讲学时提出"知行合一"，洋务运动时期张之洞、周学熙提出"讲习与历练兼之"和"工学并举"的思想。通过查阅文献可知，国内最早提出"产教融合"的是江苏省无锡技工学校，该校教师1995年在校报上发表了关于提高生产实习质量的文章——《加强系统化管理、不断提高生产实习教学质量》。文章强调"学校要不断寻求与学生生产实习紧密结合的产品，以此来提升学生产教融合的意识，以及过硬的动手能力"，而后"产教融合"因其在人才培养方面的前瞻性，陆续成为学校和学者学术研究的关注点。2013年《中共中央关于全面深化改革若干重大问题的决定》颁布，在国家级官方文件中首次明确提出了"产教融合"。

当前全球经济一体化发展，世界各国都在推动自身的经济转型以更好地参与全球产业分工。经济转型意味着产业发展需要转型，产业结构需要优化调整，而产业结构的调整需要将人才作为支撑，这不得不倒逼人才供给侧进行结构性改革以适应产业的发展需要。随着社会的飞速发展，对产教融合的理解也发生了深刻改变，通过整合现有文献的研究，可将产教融合理解为"将产业发展与职业教育相互融合，产业发展要素导入职业教育各环节，人才培养全过程与产业发展深度接轨，以产定需，产教一体，相互促进，为经济社会发展而服务"。产教融合中"产"和"教"是核心主体，其背后还包括政府、学生、企业等相关主体；"融合"即合为一体，彼此介入，产生"化学反应"，比"合作""结合"更为紧密。2022年5月1日新修订的《中华人民共和国职业教育法》明确将"产教融合"写入其中，并提出了具体的要求，为产教融合的实施给予了法律认可和制度保护。

自2011年教育部提出"促进产教深度合作"的要求以来，学界对产教融合的研究成果不断涌现，当前及未来很长一段时间内，产教融合培养专业人才都将是高等教育研究关注的热点。产教融合反映了产业转型升级和高等教育内涵式发展进程中产业与教育水乳交融、互为因果的逻辑必然。

产教融合是实现院校人才培养与社会人才需求相统一的最佳途径。随着近年来跨境电商交易规模的增大，人才成为制约跨境电商企业成长的重要因素。利用第三方跨境电商平台从传统外贸转为跨境电商的野蛮生长时期，企业需要的主要是美工、摄影、编辑或者IT类的平台操作基础人员，这些人才在高校都有相关专业对应，社会培训体系上的供给也比较充足。随着信息革命与消费革命时代的到来，我国跨境电商下一步的发展必将与国际接轨，参与全球供应链的变革，从拥有价格话语权进阶到拥有渠道话语权。适应全球市场，具备数据分析和转化能力，能帮助企业带领团队的中高端人才成为跨境电商企业更上一层楼的关键。因此，中国跨境电商的人才缺口局面在未来较长时期里都将存在，推动产教融合的深化、完善跨境电商人才生态链成为填补这一缺口的当务之急。

第三节 基于产教融合的跨境电商人才培养策略

一、人才培养层次要与企业需求相适应

在制定人才培养方案时,要明确人才培养的层次。不同规模与性质的企业对员工的职业能力要求不尽相同。大企业的分工较细,对员工的要求更偏向于专业化;而小公司更需要的则是全才。同时地区的差异也会对岗位需求产生影响。学校在制定人才培养方案时,需要考虑服务地区的要求,同时考察学生就业的企业类型,在产教融合过程中,学校需要根据合作的企业类型,调整人才培养目标,让学生能更符合企业的需求。例如,跨境电商B2B数据运营职业技能等级证书就分为初级、中级和高级三个等级,如表5-1所示。初级一般对应中职院校,中级和高级对应高职院校和应用型本科院校,不同等级对应的岗位工作复杂程度也不同。

表 5-1 认证等级对应工作领域递进关系表

认证等级	基础设计	数据运营	交易服务
初级	跨境电商店铺基础设计	跨境电商平台基础运营	跨境交易跟单
中级		跨境电商平台店铺运营,海外社交媒体营销	跨境交易履约
高级		跨境电商平台运营与营销,跨境电商全文营销	跨境交易客户管理

二、校企合作共建人才培养体系

当今世界,发展日新月异,世界经济格局也是瞬息万变。未来的跨境电商产品将会更加丰富、市场会更加多元,发展空间和潜力巨大。面对行业的发展趋势,跨境电商的理论教学和实践教学也需要不断摸索和改革。企业处在生产一线,掌握着最新的行业信息,而高校具有成熟的教育条件。推进校企合作、产教融合,明确培养目标,由企业提供行业标准,学校进行系统培养,最后再由企业进行成果鉴定,如此,才能完善跨境电商人才培养体系。

三、融合企业资源

新时代下的产教融合,着重体现企业资源与高校教育的有效融合,从学校建设

初期加入企业发展因素，鼓励高校和企业整合双方资源，共同建设数据分析工作室及科研创新中心。企业元素的加入能为高校发展注入新鲜血液，促使高校人才培养模式不断创新，帮助高校培养更加适应新时代数字经济发展的跨境电商人才。新型融合模式不应局限于"产业"帮扶"教学"，产业发展同样重要。形成产帮教、教带产的良性融合模式，促进校企间形成共生性互依的资源依赖模式。教学任务不应是产业建设的"累赘"，企业中独立性较强、完成难度较低的小型项目完全可以交给学校去做，企业实务导师全流程入驻学校帮助学生完成项目工作的，同时企业通过学校完成项目发展，这在一定程度上能降低企业项目建设成本，实现共赢。

四、创新课程体系

课程体系的创新能促进高校建设的革新，一方面，校内课程体系需要创新，另一方面，课程体系需要加入企业发展元素。创新课程体系有助于激发学生自身潜力。高校应从课程体系上注重产教融合，将企业实际案例及不同企业的运作模式写进教材，编入课程体系当中，形成"学中做、做中学"的双重培养模式，保障专业知识与实践操作的充分融合，培养"毕业就能上岗"的复合型、创新型、应用型人才。

以跨境电商专业为例，与传统电子商务专业相比，跨境电商专业的特色主要体现在"跨专业、跨学科"上。在学科试点过程中，可初步引入"跨境电商+旅游管理"的先进理念，利用学科间的同质性和相似性，在跨境电商课程设置中加入旅游管理的教学因子，充分体现跨境电商学科的创新；此外，"跨境电商+小语种""跨境电商+大数据"的联动性也可以通过学科试点得以充分体现。通过专业、学科间的跨界与融合，设置"6+X"融合性跨境电商课程，充分利用各院校的自身特色及学院王牌专业特质，如表5-2所示。其中，"6"门基础课程是专业培养所必需的，"X"课程则可根据不同高校的自身特色及优势进行设置，"X+"课程则相对灵活，属于拓展类课程。

表 5-2 "6+X"融合性跨境电商课程

6门基础课程	若干门 X 类课程	
物流管理	X	特色类课程
供应链		
金融学		优势类课程
营销学		

续表

6门基础课程	若干门 X 类课程	
平台运营	X+	拓展类课程
电子商务概论		

五、加大实践教育的力度

一直以来，跨境电商行业对于人才的实操能力具有较高要求，所以，学校方面要重视加大实践教育力度。一方面，强化和企业方面的合作办学。首先，应以跨境电商平台为媒介进行实训教学，让学生可以充分接触跨境电商平台运营有关内容；其次，还应通过校企合作，把跨境电商平台有关资源引进校园，并带领学生进行简单操作，逐渐提高其实践操作技能，让学生熟练掌握电商平台市场营销等技能，同时在不断练习的过程中熟练掌握专业技能。另一方面，激励学生借助创业活动强化个体实践能力。尽管教师的指导能够发挥引导性作用，使学生掌握基本操作技能，但借助激励学生创业的教育形式可以提高其操作技能。例如，指导学生借助阿里巴巴国际电商平台注册网店，选择营销产品进行实践，积累有关经验。除此之外，建设实践操作和创业相融合的人才培养模式。这一培养模式旨在激励学生在创新和创业的过程中不断提升个体实操能力，让学生们在真实的行业环境当中提高专业能力和水平，推动综合能力的不断提高。

六、校企师资结合

数字经济大环境下产业发展迅速，行业数据更迭较快，更应注重校内教师队伍的实践能力培养。高校的人才培养目标是培养具备实践能力的高质量人才，人才培养的核心力量是校内师资，校内师资实践能力的培养能从第一战线保障学生培育效果。跨境电商师资应是由同时具备专业知识和操作能力的高质量教师团队组建而成的。

一方面，要注重校内学术导师参与企业建设项目，促进其实践能力的培养。另一方面，企业实务导师和高校学术导师应共同发挥作用。企业实务导师将企业的真实项目带入课堂，在课堂上为学生讲解企业项目建设过程及具体思路，将项目分解成一个个灵活的知识点融入教学过程中，引导学生更快地融入企业项目建设中；高校学术教师应在了解企业项目的基础上，辅助企业兼职专家引导学生将理论转化为实践探索。

七、尝试以赛促学机制

　　数字经济背景下，数字化技术迭代速度加快，应用期缩短，导致以此为支撑的跨境电子商务极具实务性。为此，培养方案应当坚持"面向市场、按需培养"原则。为拓宽视野，有机结合专业教育与产业发展需求，鼓励学生参与跨境电子商务相关权威赛事，成为跨境电子商务人才培养方案的变革方向。在新的培养方案中，已有专项内容设计，例如，在学院开设跨境电子商务竞赛专栏，指派有赛事辅导经验或电商从业经历的教师，不定期发布赛事知识与信息，使学生足不出校就能锻炼跨境电子商务操作技能，积极与行业的最新要求接轨。并且，新的培养方案还强调在经过学院、学校的模拟赛事优选后，组织学生参加全国跨境电子商务技能大赛、跨境电商专业能力大赛等全国赛事的重要意义。高校应灵活利用制度设计，包括从奖金、优先评定奖学金、额外工时补贴等多方面奖励参赛的师生，极力促成院赛、校赛、国赛三级递进的良性促学机制，确保跨境电子商务专业的学生能够持续围绕最新的企业技术实践展开自主学习。

参考文献

[1] 苏杭.跨境电商物流管理[M].北京：对外经济贸易大学出版社，2017.

[2] 鄂立彬.跨境电商供应链管理[M].北京：对外经济贸易大学出版社，2017.

[3] 胡雨.探索与发展：跨境电商理论与实务研究[M].北京：中国商务出版社，2010.

[4] 周志丹，徐方.跨境电商概论[M].北京：机械工业出版社，2020.

[5] 刘铁.跨境电商基础与实务[M].武汉：华中科技大学出版社，2019.

[6] 刘钧炎.跨境电商实务[M].北京：中国轻工业出版社，2020.

[7] 黄怡伟.大数据视角下的跨境电商发展研究[M].北京：中国商业出版社，2021.

[8] 赖麟.大数据技术在跨境电商领域的应用[J].中国高新科技，2021（24）：52-53.

[9] 陈金莲.新时代我国跨境电商高质量发展策略[J].中国外资，2021（24）：94-95.

[10] 谢爱平，李智.基于产教融合的实战型跨境电商人才培养的探索与实践[J].湖北广播电视大学学报，2021，41（06）：39-42.

[11] 李国庆，姜丽，刘晓洁，等."一带一路"背景下中国跨境电商发展策略探究[J].中小企业管理与科技（中旬刊），2021（12）：128-130.

[12] 钊阳，戴明锋.跨境电商在国际贸易中的发展研究[J].对外经贸实务，2021（10）：35-38.

[13] 刘微.我国跨境电商发展研究[J].合作经济与科技，2021（19）：84-85.

[14] 刘慧.我国跨境电商物流存在的问题及对策研究[J].商场现代化，2021（18）：32-34.

[15] 黄紫华,潘思谕.大变局下中国跨境电商面临的新挑战及其应对策略[J].商业经济,2021(8):82-86.

[16] 张孝静,宋子瑛.数字经济背景下跨境电商人才培养模式探究:以青岛理工大学(临沂)为例[J].商业经济,2021(7):107-109.

[17] 陆剑.双循环格局下跨境电商高质量发展策略[J].科技经济市场,2021(7):128-129.

[18] 甘宇.城市管理效能提升背景下跨境电商专业人才培养策略研究[J].上海商业,2021(7):154-155.

[19] 孙振轩.探析互联网+时代跨境电商发展问题及对策[J].现代营销(经营版),2021(9):106-107.

[20] 刘莉.后疫情时代跨境电商发展的机遇与挑战[J].现代商业,2022(1):47-49.

[21] 周倩茹,高莹.转型升级背景下跨境电商发展问题及对策研究[J].经济研究导刊,2022(1):34-36.